INGRID ICKLER

Komm mit Rosi Maulwurf
auf Traumreise

Dieses Buch lesen

....

....

&

....

....

Ingrid Ickler

Komm mit Rosi Maulwurf auf Traumreise

Mit Bildern von
Petra Bergmann

BAUM
HAUS

Originalausgabe

Die Illustrationen zu diesem Werk wurden vermittelt
durch Paula Peretti Literarische Agentur, Köln.

Copyright © 2024 by
Bastei Lübbe AG, Schanzenstraße 6–20, 51063 Köln

Vervielfältigungen dieses Werkes für das
Text- und Data-Mining bleiben vorbehalten.

Umschlagmotiv und Innenillustrationen: Petra Bergmann
Umschlaggestaltung: Tanja Østlyngen
Satz: two-up, Düsseldorf
Gesetzt aus der Goudy
Druck und Verarbeitung: Mohn Media Mohndruck GmbH, Gütersloh

Printed in Germany
ISBN 978-3-8339-0801-9

1   3   5   4   2

Noch mehr tolle Bücher, viele Videos und Ideen zum Basteln, Rätseln,
Backen, Zeichnen und Spielen gibt's hier: baumhausbande.com.

Vorwort der Autorin

Liebe Vorlesende,

wie schön, dass ihr mit Rosi und ihren Freund:innen auf Reisen gehen möchtet! Hoffentlich macht euch die Geschichte genauso viel Spaß wie euren Zuhörenden.

Ihr werdet sehen, dass sich in den einzelnen Kapiteln immer wieder Einladungen finden, um zur Ruhe zu kommen, in den Körper zu spüren, Gefühle wahrzunehmen und in der Fantasie auf Reisen zu gehen.

Außerdem lädt euch pro Kapitel eine zweiseitige Illustration ein, weiter in die Geschichte abzutauchen.

Ganz am Ende gibt es kurze Bewegungsimpulse, die man vor oder auch nach dem Vorlesen ausprobieren und üben kann. Alle sind für Kinder leicht nachzumachen, aber natürlich sind sie auch für Erwachsene geeignet.

Einige Übungen lassen sich zum Beispiel gut am Schreibtisch machen, denn den Körper an- und entspannen kann man nahezu überall – und es schadet nie, kurz innezuhalten!

Gerade in unserem hektischen Alltag tut es gut, sich immer wieder kleine Inseln zu schaffen, in denen man sich selbst wieder wahrnehmen und erspüren kann, wie man sich gerade fühlt. Das ist für Erwachsene ebenso wichtig wie für Kinder. Sie können in diesem Buch ihre Gefühle entdecken, mit ihren Sinnen experimentieren und ihre Selbstwahrnehmung schulen. Wie fühlt sich Aufregung an und wie Entspannung? Wo kann ich das in meinem Körper wahrnehmen? Diese Beobachtungen sind wichtig, um die eigenen Bedürfnisse formulieren zu können und zu erfahren, dass alle Gefühle ihren Platz haben und dass es keine »guten« oder »schlechten« Gefühle gibt.

In einer Welt, in der wir von Bildern überschwemmt werden, die wir uns nicht selbst ausgedacht haben, in der alles über einen Bildschirm erreichbar zu sein scheint, ist das Abtauchen in die eigene Bilderwelt besonders wichtig und macht das Vorlesen zu einem immer wieder neuen Erlebnis.

Viel Spaß dabei wünscht
Ingrid Ickler

1.

Es ist ein warmer Frühlingsmorgen. Der Himmel ist leuchtend blau, keine Wolke weit und breit. Die ersten Bienen sind schon unterwegs, sie schwirren von Blüte zu Blüte, und ihr sanftes Summen erfüllt die Luft.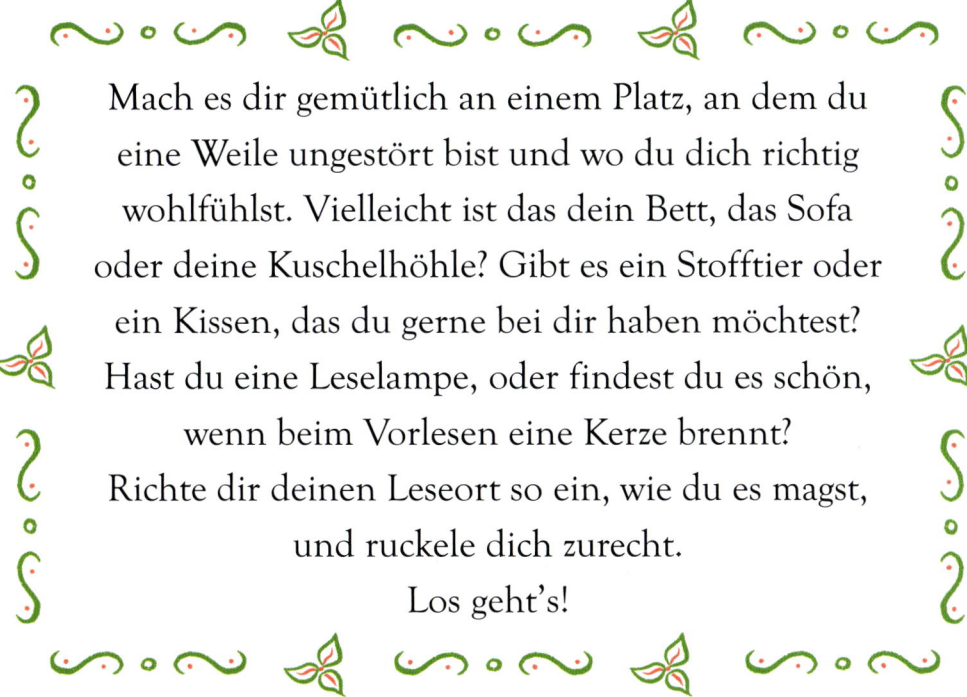

Rosi, das pechschwarze Maulwurfmädchen, liegt in ihrem unterirdischen Bau und schläft. Eben noch hat sie davon geträumt, wie sie über die Wiese läuft und mit den anderen Maulwürfen Fangen spielt, als sie mit dem rechten Fuß gegen die Wand stößt.

Rosi schlägt die Augen auf, gähnt ausgiebig und schaut dann zu ihren kleinen rosa Füßchen. Sehen kann sie nur den linken, denn mit dem rechten steckt sie in der Wand fest!

Ich sollte mir endlich ein neues Zuhause suchen, denkt Rosi. *Dieses hier ist einfach zu klein geworden.*

Vorsichtig zieht sie den Fuß aus der Erde und schüttelt ihn aus. Die Erdklumpen fliegen zu allen Seiten. Einige landen auf ihrem Fell, was sich ein bisschen kitzelig anfühlt.

Sie gähnt noch einmal. Ob es schon Zeit ist, aufzustehen?

Rosi sieht sich um. Einen sehr gemütlichen Bau hat sie sich da gebaut. Die Wände sind stabil und glatt, durch den Eingang dringt weiches Licht herein. Neben ihrem Schlafnest gibt es eine kleine Höhle, in der sie ihre Vorräte lagert. Daneben liegt eine weitere Höhle, in der sie ein zweites Schlafnest eingerichtet hat. Man weiß ja nie, wer zu Besuch kommen möchte! Es duftet nach dem frischen Gras, das sie gestern hereingebracht hat, nach süßen

Blüten, nach feuchter Erde und nach ... Rosi schnuppert. Was ist das für ein Geruch?

Was könnte Rosi riechen? Schließ kurz die Augen, stell dir ihr Nest vor und schnupper mal. Riecht es vielleicht nach Blumen? Oder nach Regenwurm?

Rosi nickt, genau das ist es! Es riecht nach Veränderung. Warum nicht mal etwas Neues ausprobieren? In ihren Bau wird sicher jemand anderes einziehen, vielleicht eine Maus oder ein anderer Maulwurf. Und der- oder diejenige kann sich dann über die fix und fertige neue Wohnung freuen.

Sie wird umziehen! Das hatte sie schon länger vor. Aber wohin? Rosi überlegt. Die anderen Maulwürfe haben ihr von einem Garten erzählt mit bunten Blumen und alten Bäumen, einer Wiese, vielen Tieren und mit Kindern. Das klingt nach Abenteuer, und darauf hat Rosi große Lust.

Koffer packen muss Rosi nicht. Mit ihren Schaufelpfoten kann sie sich ein neues Zuhause graben und es sich mit Gras und Blumen hübsch einrichten. Nur den gelben Hut mit dem hübschen rosa Band und die blaue Latzhose nimmt sie mit.

Ein guter Plan!, denkt Rosi und gähnt ein drittes Mal. Sie hat wirklich zu wenig geschlafen. Deshalb rollt sie sich auf die Seite, zieht die Füße an den Bauch und kuschelt sich noch einmal in ihr duftendes Grasbett. Wie schön warm das ist! Und wie gut sich das anfühlt, wenn ihr weiches Fell die zarte Haut ihrer kleinen Füße berührt!

Roll dich auf die Seite, mach dich ganz klein und zieh die Knie an die Brust. Kannst du spüren, wie dein Bauch sich beim Einatmen gegen deine Beine drückt und sich beim Ausatmen wieder von ihnen entfernt? Wie fühlt sich das an?

Schon bald ist Rosi wieder eingeschlafen. Kaum hat sie die Augen geschlossen, beginnt sie zu träumen. Erst sieht sie einen dunklen Himmel mit strahlenden Sternen, dann wird es langsam heller, und die Sonne geht auf. Silbriges Licht legt sich auf eine riesige Blumenwiese, und von den Grashalmen fallen große blau schimmernde Tautropfen auf ihre rosa Nase. Wie schön kühl und erfrischend sich das anfühlt! Rosi leckt sich den Wassertropfen von der Nasenspitze. Dann schaut sie sich um. Die Blüten leuchten in allen Farben, Gelb, Rot, Lila und Orange, sie kommt sich vor wie in einem großen Farbkasten. Auch die Vögel sind wach, überall pfeift, singt und trillert es.

Plötzlich hört Rosi neben sich ein deutliches Schmatzen. Eine kleine Maus sitzt ganz in der Nähe und hält eine leuchtend rote Beere in den Händen, in die sie immer wieder genüsslich hineinbeißt. Sie grinst Rosi an, und Rosi grinst zurück. Ihr wird ganz warm und wohlig dabei.

Die Strahlen der Morgensonne streicheln Rosis Fell, und sie räkelt und streckt die Vorder- und Hinterbeine. Sie bewegt alle Zehen und wackelt mit dem Kopf. Dabei stößt sie ... schon wieder gegen die Wand ihrer Höhle und wacht auf.

Was für ein schöner Traum!, denkt Rosi und streckt und räkelt sich noch einmal. Jetzt ist sie richtig ausgeschlafen, und die Suche nach dem neuen Zuhause kann losgehen. Sie schnuppert ein letztes Mal den vertrauten Duft, setzt sich den Hut auf und zieht die Latzhose an. Dann kriecht sie langsam aus ihrem Bau an die frische Luft, reckt die Nase in den Wind und macht sich auf den Weg.

Schließ die Augen und stell dir eine bunte Blumenwiese vor, auf der du jetzt liegst. Um dich herum ist es erst ganz still, dann hörst du Bienen summen, Vögel singen und die Blätter leise rascheln. Hin und wieder schiebt sich eine Wolke vor die Sonne, und du kannst auf deinem Gesicht spüren, wie sich die Luft mal wärmer und mal kälter anfühlt. Es duftet nach frischem Gras, und manchmal weht ein Hauch Blütenduft an deiner Nase vorbei. Bleibe noch eine Weile liegen und tauche ganz in deinen Traum ein. Dann beginne dich zu räkeln und zu strecken, deine Finger und deine Zehen zu bewegen. Wie fühlt sich das wohl bei einem Maulwurf an?

2.

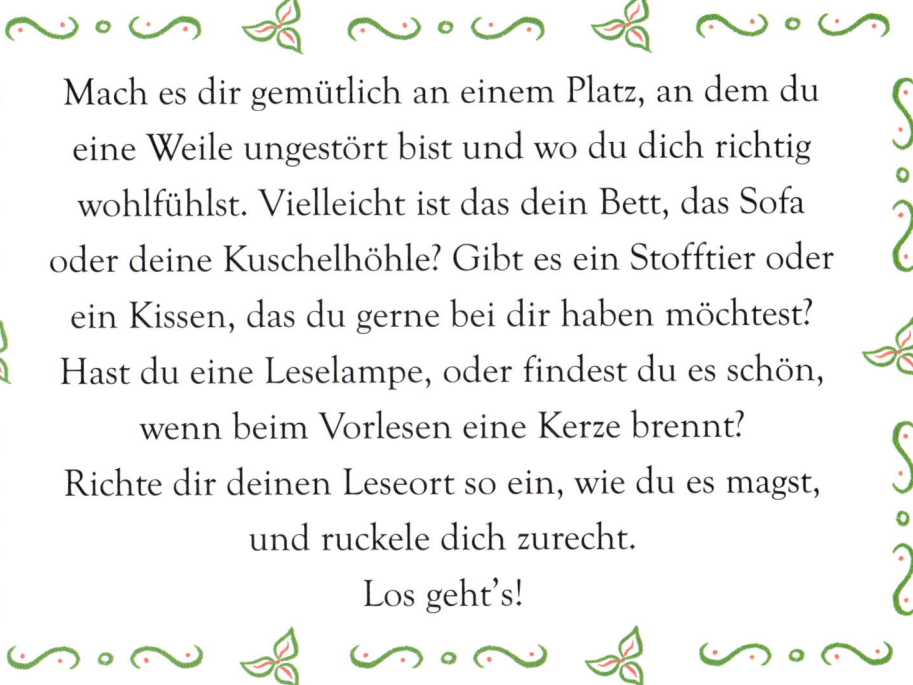

Mach es dir gemütlich an einem Platz, an dem du eine Weile ungestört bist und wo du dich richtig wohlfühlst. Vielleicht ist das dein Bett, das Sofa oder deine Kuschelhöhle? Gibt es ein Stofftier oder ein Kissen, das du gerne bei dir haben möchtest? Hast du eine Leselampe, oder findest du es schön, wenn beim Vorlesen eine Kerze brennt? Richte dir deinen Leseort so ein, wie du es magst, und ruckele dich zurecht.
Los geht's!

Doch kaum ist Rosi auf ihrer Suche nach einem neuen Zuhause ein paar Schritte gegangen, bleibt sie schon wieder stehen. Sie hat ja noch gar nicht gefrühstückt! Kein Wunder, dass ihr Magen laut und deutlich knurrt. Ohne etwas im Bauch kann man kein Abenteuer erleben, beschließt

Rosi. In ihrer Vorratskammer liegt bestimmt noch etwas. Aber zurücklaufen? *Ach was*, denkt Rosi, *ich finde bestimmt unterwegs etwas Leckeres.*

Und tatsächlich, kaum hat sie die Nase gehoben, nimmt sie einen leckeren Duft wahr. Hier ist sie richtig.

Unter einer Glockenblume ganz in der Nähe sitzen ein paar Käfer vor einem dicken Tautropfen. Ein zartgelber Schmetterling flattert auf die Glockenblume zu und macht es sich auf einem Stein bequem. Das sieht gemütlich aus. Rosi findet einen Platz auf einem saftig grünen Moosbett und lässt sich ein paar Blütenblätter und knackige Knospen schmecken. Dabei betrachtet sie neugierig ihre Nachbarn. Der Schmetterling sonnt sich und genießt die warmen Strahlen auf seinen Flügeln, die Käfer fangen an, im Tautropfen herumzuplanschen und zu platschen. Was sie wohl heute sonst noch vorhaben?

Rosi kaut genüsslich und seufzt zufrieden. Ihr Bauch fühlt sich warm an. Jetzt ist sie gut gestärkt und kann sich auf den Weg machen.

Was spürst du, wenn du Hunger hast? Hörst du deinen Magen knurren? Läuft dir das Wasser im Mund zusammen? Hast du nach dem Essen ein warmes Gefühl im Bauch?

Rosi sieht sich um. Wohin soll sie gehen? Nach rechts, an den anderen Maulwurfshügeln vorbei zum Bach? Oder nach links, den kleinen Erdhügel hinauf? Was hinter dem Hügel liegt, weiß niemand so genau.

Dann doch lieber zum Bach, denkt Rosi. Sie richtet sich den Hut und läuft los. Auf ihrem Weg spitzt sie die Ohren. Was es hier alles zu hören gibt! Der Wind rauscht, Blätter rascheln, überall kratzt und knirscht es, wahrscheinlich sind um sie herum noch viele andere Tiere unterwegs. Rosi erkennt eine Mäusefamilie, einen Grashüpfer, und über ihr fliegen ein paar Vögel. Alle scheinen in Richtung Bach unterwegs zu sein. Hier ist sie richtig.

Das Laufen macht Spaß. Der Boden unter ihren Füßen ist weich, denn zum Glück liegen hier keine spitzen Kieselsteine. Manchmal tritt sie auf ein feuchtes Blatt oder eine aus dem Boden ragende Wurzel. Rosi wird immer mutiger, sie macht große Schritte, und über die nächste Wurzel hüpft sie einfach hinweg. Rechts und links von ihr wiegen sich die Grashalme im Wind, auf denen hin und wieder ein kleiner Marienkäfer sitzt und ihr zulächelt. Rosi lächelt zurück.

Plötzlich hört sie ganz aus der Ferne ein feines Rauschen, ein leises Plätschern, das sie an die Tautropfen erinnert, die sie sich morgens so gerne von der Nase leckt.

Schließ die Augen und hör genau hin. Was kannst du in dem Zimmer hören, in dem du gerade bist? Was ist laut, was ist leise? Gibt es noch andere Geräusche, die vielleicht von ganz weit weg kommen und die du gar nicht kennst? Was könnte hinter ihnen stecken? Verwandle dich für ein paar Minuten in eine:n Geräuschdetektiv:in!

Rosi folgt dem Gluckern. Der Boden unter ihren Füßen wird langsam feuchter und gibt quietschende und schmatzende Geräusche von sich. Sie kichert. Wie lustig das klingt! Wenn sie mit den Pfoten fest auftritt, spritzen manchmal sogar ein paar Wassertropfen nach oben und landen auf ihrem Fell. Rosi bleibt stehen und schüttelt sich. Das Rauschen ist jetzt lauter, die Luft ist feucht. Ganz klar, sie ist am Bach. Rosi war schon einmal hier, bevor sie auf der Wiese ihren Bau gegraben hat. Damals hatte sie lange am Ufer gesessen und die kleinen silbrig glänzenden Fische beobachtet, die durchs Wasser flitzten. Aber irgendwann war es ihr dann doch zu feucht geworden, und sie war weiter in Richtung Wiese gewandert.

Ob heute auch Fische unterwegs sind? Rosi wirft vorsichtig einen Blick ins Wasser. Jetzt nur nicht ausrutschen! Das Ufer ist ganz schön glitschig. Und tatsächlich, sie ent-

deckt einen Schwarm kleiner weißer Fische, die um einen großen Stein schwimmen.

Da schießt ihr ein Gedanke durch den Kopf. Wie soll sie eigentlich über den Bach kommen? Schwimmen kann sie nicht, immerhin ist sie kein Wassertier. Soll sie einen Tunnel unter dem Bach hindurchgraben? Nein, das ist auch keine gute Idee, das dauert viel zu lange.

Wie schön wäre es, wenn jetzt eine Schildkröte vorbeikommen und sie auf ihrem Panzer über das Wasser tragen könnte! Oder ein Vogel, mit dem sie über den Bach fliegen könnte ...

Schließ die Augen und stell dir vor, du sitzt wie Rosi vor dem Bach. Das Wasser rauscht, kleine Wellen schwappen ans Ufer. Wie könnte sie das Hindernis überwinden? Eine Brücke aus Ästen bauen? Ein paar Steine ins Wasser rollen? Springen?

Lass in deinen Gedanken einen kleinen Film entstehen. Auch ganz verrückte Ideen sind erlaubt. Bleibe ein paar Augenblicke liegen, und stell dir die Situation ganz genau vor. Dann beginne dich zu räkeln und zu strecken, und öffne die Augen.

3.

Mach es dir gemütlich an einem Platz, an dem du
eine Weile ungestört bist und wo du dich richtig
wohlfühlst. Vielleicht ist das dein Bett, das Sofa
oder deine Kuschelhöhle? Gibt es ein Stofftier oder
ein Kissen, das du gerne bei dir haben möchtest?
Hast du eine Leselampe, oder findest du es schön,
wenn beim Vorlesen eine Kerze brennt?
Richte dir deinen Leseort so ein, wie du es magst,
und ruckele dich zurecht.
Los geht's!

Rosi sitzt am Ufer des Baches, hört dem Plätschern zu
und denkt nach. Irgendwie muss sie auf die andere Seite
kommen. Nach einer Weile raschelt es neben ihr, und zwischen den Grashalmen tauchen erst eine rosa Schnauze
und dann ein schwarzer Fellbauch auf – ein Maulwurf!

Rosi freut sich sehr, und ihr kleines Herz pocht wie wild und so laut, dass man es bestimmt auch um sie herum hören kann. Wer das wohl ist?

Ihr Gegenüber grinst sie an und summt vor sich hin. Das klingt nett, fast wie ein Lied.

»Steck die Pfote in den Bach, das macht wach,
tipp die Pfote ins Gras, das macht Spaß,
landet die Pfote im Kies, ist es mies,
leg die Pfote ins Moos, und es geht looooooooos«,
singt der Maulwurf.

Bei »looooooooos« trommelt er mit allen vier Pfoten auf den Boden, sodass er vibriert. *Wie witzig*, denkt Rosi und hat plötzlich Lust mitzusingen. Sie bewegt den Po hin und her, stampft mit den Hinterpfoten im Takt und wiegt den Kopf. So singen sie die Strophe noch einmal gemeinsam.

»Wie schön!«, sagt der Maulwurf. »Endlich muss ich nicht mehr allein singen! Du hast eine tolle Stimme. Ich bin übrigens Fridolin. Und wie heißt du?«

»Ich heiße Rosi.«

»Willkommen am Bach, Rosi. Bist du neu hier?«, fragt Fridolin.

»Ich bin nur auf der Durchreise«, erklärt Rosi. »Ich suche nach einem neuen Platz, um meinen Bau zu graben. Hier in der Nähe soll es einen schönen großen Garten geben, habe ich gehört, mit Blumen, Bäumen, anderen Tieren und einem Rasen. Da will ich gerne hin.«

»Echt? Spannend!«, sagt Fridolin und kommt noch etwas näher, sodass sich die beiden Maulwürfe beschnuppern können. »Ich wohne hier am Bach, weil ich es gerne feucht habe. Ich mag Wasser! Hier ist immer etwas los: Fremde Fische kommen vorbei, Frösche machen bei mir Halt, und wir haben jede Menge Spaß. Ich habe das perfekte Zuhause für mich gefunden.«

»Und warum singst du so gerne?«, fragt Rosi.

»Ich komme aus einer Familie, in der alle einfach immer und überall singen. Und was glaubst du, wie schnell ich einen neuen Bau grabe, wenn ich dabei ein fröhliches Lied singe!«, antwortet Fridolin und lacht.

Leg eine Hand unter die kleine Grube am Ende deines Halses, dort liegt der Brustkorb. Stell dir vor, wie Fridolin vor sich hin summt, und summ mit! Wie fühlt sich das Summen unter deinen Händen an? Summe mal hoch und mal tief. Verändert sich etwas in deinem Brustkorb?

Rosi stellt sich vor, wie Fridolin sich durch den Boden wühlt und dabei laut singt. *Das probiere ich auch, wenn ich im Garten angekommen bin*, denkt sie.

»Ich muss weiter«, sagt Fridolin. »Ich habe heute noch nicht gefrühstückt und brauche jetzt unbedingt und ganz zackig-schnell etwas zu futtern. Wenn du im Garten angekommen bist, komme ich gerne mal vorbei. Dann könnten wir ein Fest feiern, oder? Feste sind immer toll!«

»An ein Fest habe ich noch gar nicht gedacht«, sagt Rosi. »Aber du hast recht, das ist eine gute Idee, und ich freue mich, wenn du mich besuchen kommst.«

»Alles klar, dann mach's gut!« Fridolin winkt und will schon davonmarschieren, als Rosi ihre Frage wieder einfällt.

»Halt, stopp!«, ruft sie. »Wie komme ich denn über den Bach? Hast du vielleicht eine Idee?«

»Immer der Nase nach«, sagt Fridolin. »Auf dem Weg nach links hat ein Biber eine Burg gebaut, da gehst du einfach über den Bach drüber. Die kannst du gar nicht verfehlen. Der Biber schläft aber bestimmt noch, wie ich ihn kenne.«

Klingt nach einem Abenteuer, denkt Rosi. Einen Biber hat sie noch nie getroffen. Ob er wohl so nett ist, sie über seine Burg gehen zu lassen? Aber wenn Fridolin das sagt,

muss es ja stimmen, er wohnt schließlich hier und kennt den Biber. Vor lauter Aufregung wird ihr ein bisschen flau im Magen. In ihrem Bauch blubbert und gluckert es. Am besten zieht sie jetzt gleich los.

Sie stimmt Fridolins Lied an und hopst durch die Wasserpfützen am Ufer und durch das hohe Gras. Die Sonne steht inzwischen hoch am Himmel, und langsam wird es warm. Wenn man ein so dickes dunkles Fell hat wie ein Maulwurf, kann man ganz schön ins Schwitzen kommen. Rosi braucht dringend eine Pause. Sie sieht sich um. Links von ihr entdeckt sie eine Pflanze mit großen fleischigen Blättern, ein perfektes Dach, unter dem sie ein wenig ausruhen kann. Sie rollt sich im Schatten zusammen. Herrlich ist es hier! Der Boden unter ihr ist weich, hin und wieder streicht eine sanfte Brise über ihr Fell. Das könnte glatt ihr Lieblingsplatz werden!

Hast du auch einen Lieblingsplatz? Wie sieht es dort aus? Ist er draußen oder drinnen? In der Nähe oder ganz weit weg? Schließ die Augen und reise in deinen Gedanken dorthin. Mach es dir dort so richtig gemütlich, als wärst du wirklich da.

Bleib ein paar Augenblicke liegen und genieße den schönen Moment. Dann beginne dich zu räkeln und zu strecken.

4.

Mach es dir gemütlich an einem Platz, an dem du eine Weile ungestört bist und wo du dich richtig wohlfühlst. Vielleicht ist das dein Bett, das Sofa oder deine Kuschelhöhle? Gibt es ein Stofftier oder ein Kissen, das du gerne bei dir haben möchtest? Hast du eine Leselampe, oder findest du es schön, wenn beim Vorlesen eine Kerze brennt?
Richte dir deinen Leseort so ein, wie du es magst, und ruckele dich zurecht.
Los geht's!

Rosi genießt noch eine Weile den Schatten und die wenigen Sonnenstrahlen, die durch das Blätterdach fallen, ihr auf den Pelz scheinen und die Pfoten wärmen. Sie schaut auf ihre rosa Zehen und streckt jede einzelne von sich. Sie hebt die Vorderpfoten in die Luft und räkelt sich ausgiebig. Jetzt kann es weitergehen. Sie streicht die Hose glatt und steht auf. Das Gluckern des Baches ist ganz deutlich zu hören, aber auch das Vogelzwitschern und das Rauschen der Blätter. Hin und wieder knackt ein Ast. Und da sind auch noch die ganz leisen Töne, das Trippeln der Insektenfüße, das Kratzen der Vogelschnäbel am Boden, sogar das sanfte Flattern von Schmetterlingsflügeln nimmt sie wahr. Sie schaut sich neugierig um. Wo die Schmetterlinge wohl sind?

Ah, dort oben! Zart wie ein Windhauch schweben zwei Schmetterlinge über sie hinweg. *Es ist bestimmt herrlich, so leicht durch die Luft zu fliegen!*, denkt Rosi. Außerdem sieht ein Schmetterling sicher viel mehr von der Welt und vor allem das, was über der Erde ist. Als Maulwurfmädchen ist sie dagegen Expertin für die Unterwelt. Unter der Erde kennt sie sich bestens aus.

Schließ die Augen und stell dir vor, du bist ein Schmetterling! Wie fühlt es sich an, so leicht zu sein und durch die Luft zu fliegen? Lass dich über eine Wiese oder durch einen Garten schweben. Was kannst du von oben alles sehen?

Rosi fällt Fridolins Tipp mit dem Biber wieder ein. Am besten schaut sie gleich mal bei ihm vorbei. Was hatte Fridolin noch gesagt? Ach ja, auf dem Weg nach links, dann müsste die Burg bald kommen.

Schon bald wird der Boden schmatziger und feuchter. Am Ufer ist das Gras besonders nass und kitzelt unter ihren Füßen. Auf einmal hört das Gras auf, und eine Reihe von Steinen säumt den Bach. Rosi balanciert über die Kiesel, die ziemlich glitschig sind. Schritt für Schritt tastet sie sich voran und schaut ganz genau, wohin sie tritt. Zum Glück sind ihre Füße beweglich und haben kleine Krallen, damit sie nicht ausrutscht. Als sie aufsieht, entdeckt sie die Biberburg. Vom Biber ist weit und breit nichts zu sehen. *Auch gut*, denkt Rosi, *er hat sicher nichts dagegen, wenn ich seine Wohnung als Brücke benutze.*

Vorsichtig klettert sie über die Zweige, die der Biber an der Seite seiner Burg aufgehäuft hat. Für ihre kleinen Maulwurffüße sind sie fast wie eine Treppe. Noch ein kleiner Hopser, und sie ist oben.

Die Burg ist hoch und stabil, der Biber ist ein echter Baumeister. Auf der einen Seite staut sich der Bach, und einige Libellen surren im Tiefflug übers Wasser. Unter der spiegelglatten Oberfläche kann Rosi ein paar kleine Fische erkennen, die sich hier tummeln.

Mutig setzt das Maulwurfmädchen eine Pfote vor die andere, bis sie auf der anderen Bachseite angekommen ist. Puh, geschafft!

Rosi ist mächtig stolz auf sich. Sie nimmt den Hut ab, wischt sich den Schweiß von der Stirn und seufzt zufrieden. Ihr wird ganz leicht ums Herz.

Warst du auch schon mal so richtig mutig und hast dich etwas getraut? Du bist das erste Mal Fahrrad gefahren oder warst alleine beim Bäcker? Denke noch mal an diesen Moment. Wie hast du dich gefühlt? Leicht und beschwingt? Fröhlich? Hast du geseufzt oder gelächelt?

Rosi bleibt erst mal stehen und putzt sich genüsslich das Fell und die Zehen. Was sich da so alles verfangen hat auf ihrem Weg hierher! Kleine Stückchen Rinde, Blätterreste und eine ganze Menge Wassertropfen. Sie schüttelt sich ein paarmal, sodass die Tropfen aus ihrem Fell regnen. Zwischen den Zehen stecken noch ein paar Grashalme. Wie das kitzelt! Und ganz zum Schluss entdeckt sie sogar eine kleine gelbe Blume, die auf ihrem Rücken hängen geblieben ist. Rosi kichert und steckt sie sich in den Mund.

Und jetzt?, fragt sie sich. Den Bach hat sie überquert, wie geht es jetzt weiter? Nach rechts, nach links oder geradeaus? Sie hätte vielleicht Fridolin fragen sollen. Vor ihr liegt eine Blumenwiese, neben der ein breiter Weg entlangführt. Auf der Wiese leuchten rote Mohnblumen, weißgelbe Gänseblümchen und blaue Kornblumen, Insekten summen und brummen, und hin und wieder schwebt ein Schmetterling vorbei. Rosi kann sich kaum sattsehen, so schön ist es hier. Es duftet nach Gras, Erde und Blüten, sie atmet tief durch, schließt die Augen und bleibt einfach stehen und schnuppert.

Was ist dein Lieblingsgeruch? Riechst du im Garten gerne an den Blüten, oder magst du frisch gemähtes Gras? Vielleicht frisch gebackene Kekse, heißen Kakao oder selbst gemachte Pizza? Oder ist es etwas ganz anderes? Schließ die Augen und stell dir den Geruch ganz genau vor ... und womöglich kannst du ihn tatsächlich riechen!

5.

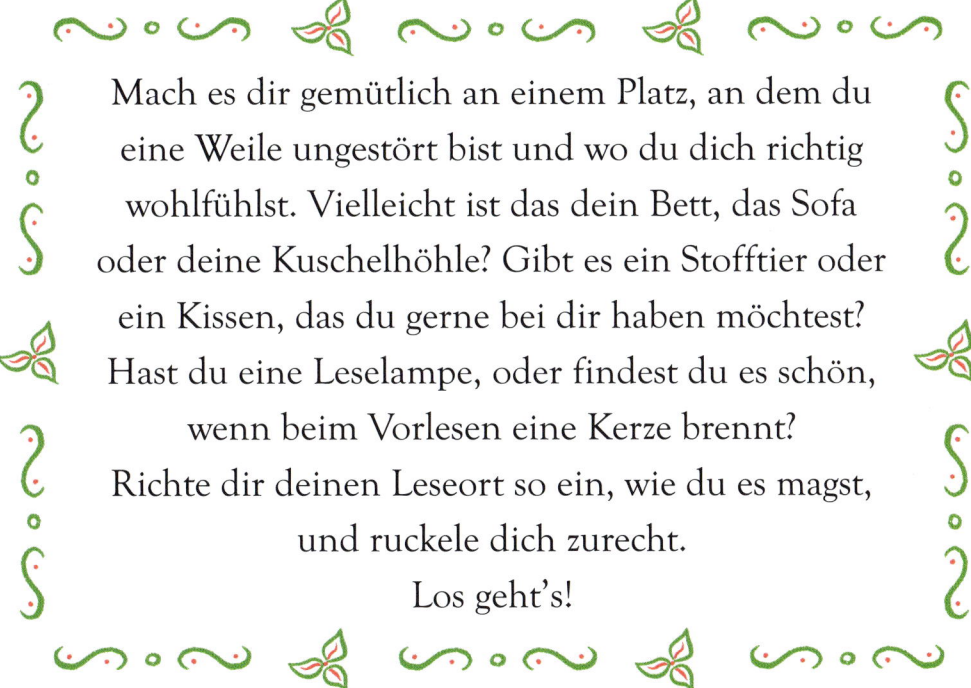

Mach es dir gemütlich an einem Platz, an dem du
eine Weile ungestört bist und wo du dich richtig
wohlfühlst. Vielleicht ist das dein Bett, das Sofa
oder deine Kuschelhöhle? Gibt es ein Stofftier oder
ein Kissen, das du gerne bei dir haben möchtest?
Hast du eine Leselampe, oder findest du es schön,
wenn beim Vorlesen eine Kerze brennt?
Richte dir deinen Leseort so ein, wie du es magst,
und ruckele dich zurecht.
Los geht's!

Die Nase in die Luft gestreckt steht Rosi mit geschlossenen Augen auf dem Weg.

»Huhu!«, hört Rosi eine freundliche Stimme hinter
sich sagen. Sie öffnet die Augen und dreht sich neugierig
um. Die Stimme gehört einer Maus, die gerade eine gelbe

Blume abknabbert und sich hinters Ohr steckt. Dann läuft sie auf Rosi zu.

»Hallo, was machst du denn hier?«, fragt sie. »Maulwürfe treffe ich hier selten. Wenn du Fridolin besuchen willst, der wohnt auf der anderen Seite des Baches, da musst du über die Biberburg klettern.«

»Ja, ich weiß, da komme ich gerade her«, sagt Rosi. »Ich bin auf der Durchreise. Irgendwo hier in der Gegend muss ein schöner Garten liegen, dort will ich mir einen neuen Bau graben. Allerdings weiß ich nicht so genau, wo es langgeht.«

»Bis in den Garten?« Die Maus macht große Augen. »Das ist noch ziemlich weit. Bleib doch ein bisschen hier, ich freue mich immer über Gesellschaft. Ich bin übrigens Luise. Luise Butterblume«, sagt die Maus und deutet mit der Pfote auf die Blume hinter ihrem Ohr.

»Luise Butterblume, das ist ein sehr schöner Name«, sagt Rosi. »Ich heiße Rosi, einfach nur Rosi Maulwurf.«

»Klingt auch schön. Komm, ich zeige dir mein Mauseloch. Ich wohne gleich um die Ecke am Weg. Wir können ein Stück zusammen gehen und ein bisschen plaudern.«

Rosi und Luise setzen sich in Bewegung, wobei Luise

erst wie eine Ballerina tänzelt, dann von einem Bein aufs andere hopst und anschließend ein paar Kreise dreht. Dabei schwingt ihr Schwanz anmutig auf und ab wie ein Grashalm im Wind.

»Wow, wie du dich bewegst! Läufst du immer so?«, fragt Rosi.

So eine Maus hat sie noch nie getroffen. Luise hat glänzendes haselnussbraunes Fell, große runde Ohren und einen langen Schwanz, das ist nichts Neues. Aber die Blume hinter dem Ohr, die blitzenden Augen und die eleganten Bewegungen machen aus ihr etwas Besonderes.

»Ich tanze!«, erklärt Luise und lacht. »Das mache ich für mein Leben gern. Alle am Weg kennen mich als Luise Butterblume, die Tänzerin. Manchmal trete ich sogar auf, und alle schauen zu. Na ja, alle, die mögen.« Sie streckt die Pfote in die Luft und bewegt elegant die winzigen Zehen.

»Das sieht toll aus!« Rosi ist begeistert.

Das will sie auch mal probieren. Sie bleibt stehen und hebt vorsichtig eine Pfote, um zu sehen, ob sie ihre Zehen auch so gut bewegen kann. Tatsächlich, es klappt! Die großen Schaufelpfoten sehen sogar sehr elegant dabei aus. Rosi klappt die Zehen nach oben und unten, wedelt nach rechts und links. *Ich fühle mich leicht wie eine Feder, fast als würde ich durch die Luft schweben!*, denkt sie sich.

Kannst du auch deine Zehen bewegen? Konzentrier dich auf deine Füße und versuche, jeden Zeh zu spüren. Wackel mal mit dem großen Zeh. Und jetzt versuche, die Zehen einmal ganz weit auseinanderzuziehen. Lass den Fuß wieder locker und schüttel ihn. Kannst du das Bitzeln in den Beinen spüren? Wiederhole die Übung gerne noch einmal. Verändert sich etwas?

Gemeinsam tänzeln und hüpfen Rosi und Luise zum Mauseloch. Der Eingang liegt gut versteckt hinter einem Baumstamm und ist ziemlich klein. Da passt das Maulwurfmädchen nicht hinein.

»Macht nichts, dann bleiben wir draußen und tanzen noch ein bisschen«, sagt Luise. Sie zeigt Rosi ein paar Tanzschritte: zwei nach rechts, dann wieder zwei nach links und zweimal mit dem Po auf den Boden klopfen.

»Du, du, da, da, plopp, plopp«, singt Luise laut mit. »Und am Ende klatschen wir zweimal in die Pfoten.«

Rosi probiert es. Zwei Schritte nach rechts, zwei nach links, der Po und klatschen – kein Problem. Nach einigen Probeschritten ist sie begeistert dabei. Zusammen mit Luise singt und tanzt sie so lange, bis ihr die Füße wehtun und sie völlig außer Puste ist.

Rosi lässt sich ins Gras neben das Mauseloch plumpsen, legt den Hut zur Seite, und Luise holt ein großes Blatt, in dem sie Tau gesammelt hat. Beide trinken gierig.

»Ich bin so froh, dass ich mich entschieden habe, mal etwas Neues auszuprobieren!«, sagt Rosi. »Sonst hätte ich dich und deinen Tanz nicht kennengelernt, und das wäre richtig schade gewesen.«

Luise nickt. »Da hast du recht. Das wäre schade gewesen. Zu zweit zu tanzen macht viel mehr Spaß als allein. Du machst das richtig gut!«

Rosi freut sich sehr über das Kompliment.

»Jetzt bin ich ziemlich müde und könnte ein Nickerchen vertragen!«, sagt Luise und gähnt ausgiebig.

Rosi nickt. Sie hat heute schon so viel erlebt, das war aufregend, aber auch anstrengend.

Die Sonne steht nicht mehr ganz so hoch, und langsam wird es kühler. Noch ist es hell, aber bis zum Abend dauert es sicher nicht mehr lange.

»Schau mal, hier ist die Erde ganz weich, da kannst du es dir bequem machen. Und schattig ist es hier auch«, meint Luise und deutet auf eine kleine freie Fläche unter einem hellgrünen Blätterdach.

Gesagt, getan. Schon bald liegt Rosi in einer kleinen Kuhle und streckt alle viere von sich.

Leg dich flach auf den Boden und streck die Arme und Beine aus. Schließ die Augen, atme ein paarmal ein und aus und stell dir vor, deine Arme werden ganz schwer, als wären sie am Boden angeklebt. Sie wiegen mindestens so viel wie ein Elefantenbein, du kannst sie gar nicht mehr hochheben. Bleib eine Weile so liegen. Dann schüttel die Arme, jetzt sind sie wieder ganz leicht!

Bald ist Rosi eingeschlafen.

Irgendwann wird sie von lautem Gesang geweckt.

»Du, du, da, da, plopp, plopp«, schmettert Luise und klatscht dann in die Hände. »Aufgestanden, los geht's! Wir machen uns auf den Weg in Richtung Feld, du willst doch in den Garten! Ich komme gerne ein Stück mit.«

Rosi gähnt und streckt sich. Sie spürt, dass es noch kühler geworden ist, der Wind streicht durch ihr weiches Fell.

Rasch läuft sie Luise entgegen. »Oh ja, das wäre toll«, sagt sie und hopst ein bisschen, genau wie es die Maus vorhin gemacht hat. »Komm doch mal vorbei, wenn ich mich im Garten eingerichtet habe! Ich mag Besuch.«

»Auf jeden Fall, versprochen«, erwidert Luise Butterblume, »und dann tanzen wir eine Runde!«

Lass deine Finger hopsen! Schau auf deine linke Hand und tipp den Zeigefinger und den Daumen zusammen, dann den Mittelfinger und den Daumen, den Ringfinger und den Daumen und zum Schluss den kleinen Finger und den Daumen. Dann fang wieder von vorne an. Wie schnell kannst du die Finger bewegen, ohne einen auszulassen?

6.

Mach es dir gemütlich an einem Platz, an dem du
eine Weile ungestört bist und wo du dich richtig
wohlfühlst. Vielleicht ist das dein Bett, das Sofa
oder deine Kuschelhöhle? Gibt es ein Stofftier oder
ein Kissen, das du gerne bei dir haben möchtest?
Hast du eine Leselampe, oder findest du es schön,
wenn beim Vorlesen eine Kerze brennt?
Richte dir deinen Leseort so ein, wie du es magst,
und ruckele dich zurecht.
Los geht's!

Luise und Rosi reichen sich die Hände und machen sich
auf den Weg. Dabei tanzen und singen sie vor sich hin.
Rosi freut sich, dass Luise sie ein Stück begleitet. Es ist
schön, nicht allein zu sein, und dann kennt Luise sich auch
noch so gut aus. Jetzt findet Rosi den Garten bestimmt.

Nach einer Weile bleiben die beiden stehen und schnuppern. Es riecht nach Regen. Rosi schaut besorgt in den Himmel. Wolken sind aufgezogen, und in der Ferne leuchtet hin und wieder ein Blitz auf.

»Auweia, ein Gewitter!«, sagt Luise. »Das warten wir besser ab, bevor wir über das Feld laufen. Komm, wir suchen uns einen Unterschlupf.«

Die Maus sieht sich um, und auch Rosi macht sich auf die Suche. Ganz in der Nähe ist ein Brennnesselbusch, darüber wächst ein Baum mit einem dichten Blätterdach.

»Hier drüben!«, ruft Rosi und winkt die Maus zu sich.

»Perfekt«, sagt Luise. »Komm, wir kriechen unter die Brennnessel, da sind wir vor Regen und Blitzen geschützt, und unser Fell wird nicht so nass.«

Rosi folgt ihrer neuen Freundin. »Schau mal, da liegen auch ein paar glatte Steine, hinter denen wir uns verstecken können«, sagt sie. »Ein Gewitter finde ich immer ein bisschen unheimlich.«

»Ich mag es auch nicht besonders«, stimmt Luise zu. »Umso besser, dass wir zu zweit sind, dann können wir uns Geschichten erzählen.«

Das Rumpeln wird stärker und kommt näher, außerdem spürt Rosi den Wind, der an ihrem Fell und ihrer Hose zerrt und zieht. Aber hier sind sie in Sicherheit. Die

beiden Freundinnen kuscheln sich aneinander, und Stück für Stück verschwindet das unheimliche Gefühl aus ihren Bäuchen.

Wie fühlt es sich an, wenn Regentropfen auf deinen Körper fallen? Setz dich bequem hin und trommle sanft mit den Fingerspitzen auf deinen Kopf, dann über deine Stirn, deine Wangen, deine Nase und dein Kinn. Stell dir vor, es sind die Regentropfen, die jetzt auch auf Rosis Fell plumpsen.

Oder lass die Person, die dir vorliest, deine »Regentropfen« sein ... und danach bist du ihre!

Kaum hat es angefangen zu regnen, hört Rosi die Tropfen auf den Blättern trommeln. Andere Tiere sind kaum noch zu hören. *Ich mag Regen*, denkt Rosi, *dann riecht alles ganz sauber und frisch.* Luise scheint anderer Meinung zu sein. Sie verzieht die Schnauze und schaut durch das Blätterdach nach draußen. Langsam bilden sich kleinere und größere Pfützen, ein paar Blätter schwimmen auf der Wasseroberfläche, die der Wind abgerissen hat, sie sehen aus wie kleine Boote. Auch ein paar Blütenblätter schwimmen vorbei. Der Regen klingt jetzt wie ein sanftes Rauschen, Rosi muss wieder an den Bach denken. Der Baum über ihnen sorgt dafür, dass sie es zwischen den Brennnesseln noch immer recht gemütlich haben.

Luise seufzt. »Hoffentlich hört es bald auf. Ich wollte dich doch noch etwas begleiten.«

»Bestimmt«, antwortet Rosi. »Ich bin froh, dass du bei mir bist. Erzähl mir doch noch etwas von deinem Tanz.«

»Gerne«, sagt Luise und beginnt, Rosi ihre neuen Ideen zu beschreiben. Das Maulwurfmädchen hört gespannt zu, und die Zeit vergeht wie im Flug.

Nach einer Weile lässt der Regen nach. Luise und Rosi warten noch ein bisschen, bis er schließlich ganz aufgehört hat und der Himmel wieder heller wird.

Vorsichtig wagen sie sich aus ihrem Versteck und umrunden die Pfützen. Dann grinsen sie sich an und springen zusammen mit einem großen Hüpfer direkt hinein! Sie hüpfen von Pfütze zu Pfütze, dass das Wasser nur so spritzt, und schmettern Luises Lied. Danach schütteln sie sich kräftig, und Rosi rückt sich den Hut zurecht.

Luise greift nach einer kleinen rosa Blüte, die neben einem Strauch liegt, und klemmt sie Rosi hinters Ohr. »Jetzt sind wir im Partnerlook!«, gluckst sie.

»Danke schön.« Rosi freut sich sehr und betrachtet ihr Spiegelbild in einer Pfütze. »Wie hübsch!«

Dann machen sich die Freundinnen wieder auf den Weg, wobei sie gut aufpassen, wo sie ihre Füße hinsetzen, damit sie nicht auf dem schlammigen Boden ausrutschen.

Immer wieder bleiben sie stehen, um sich umzusehen. Hier gibt es so viel Neues zu entdecken, so viele unbekannte Gerüche und so viele Pflanzen und Insekten, die Rosi nicht kennt!

Direkt neben ihr wachsen büschelweise grüne Blätter, die herrlich würzig riechen.

»Weißt du, was das ist, Luise?«, fragt Rosi.

»Das ist Bärlauch, und daneben steht eine Glockenblume«, erklärt Luise und deutet auf eine Pflanze rechts von ihnen. »Das alles wächst hier am Feldrand. Und noch jede Menge mehr.«

»Woher weißt du das alles?«, fragt Rosi.

»Meine Familie kommt vom Feld. Wir wohnen schon immer hier, und meine Geschwister und meine Eltern haben ihre Löcher gleich um die Ecke. Nur ich wollte lieber ein bisschen weiter weg.«

»Dann bist du ja auch eine Abenteurerin wie ich!«, sagt Rosi und lacht.

»Und wie!« Luise Butterblume grinst.

Die Sonne kommt heraus, und ihre Strahlen wärmen Rosi das noch etwas feuchte Fell. Wie angenehm wohlig sich das anfühlt!

Reib deine Handflächen ganz schnell aneinander. Spürst du, wie warm es jetzt in deinen Händen wird? Genauso fühlt sich wahrscheinlich Rosis Fell an. Leg deine warmen Handflächen über deine geschlossenen Augen. Schön, oder?

Plötzlich hört Rosi neben sich ein Rascheln, und kurz darauf taucht eine vorwitzige rosafarbene Schnauze auf.

»Hey, hallo, Ben! Was machst du denn hier?«, ruft Luise, die schon einige Schritte vorgelaufen ist. »Das ist Rosi! Sie möchte umziehen und ist auf dem Weg in den Garten.«

Ben, ein freundlich aussehender Mäuserich, tippt sich ans Ohr.

»Hallo, Rosi. Willkommen auf dem Feld. Ich bin Luises Cousin. Bis zum Garten schaffst du es heute aber nicht mehr«, erklärt er.

»Och, das macht gar nichts«, sagt Luise. »Dann bleiben

wir einfach eine Nacht hier! Wir könnten Ben unseren Tanz zeigen und noch zusammen essen. Und du kannst dir hier sicher irgendwo einen gemütlichen Schlafbau graben, oder?«

Rosi nickt und muss bei dem Gedanken an ein warmes kuscheliges Bett gähnen. »Na klar, ein gemütliches Plätzchen finden wir hier bestimmt.«

Bau dir aus deiner Bettdecke doch auch eine Höhle und kriech hinein! Warte einen Moment, bis sich deine Augen an die Dunkelheit gewöhnt haben. Was kannst du jetzt alles erkennen?

7.

Mach es dir gemütlich an einem Platz, an dem du
eine Weile ungestört bist und wo du dich richtig
wohlfühlst. Vielleicht ist das dein Bett, das Sofa
oder deine Kuschelhöhle? Gibt es ein Stofftier oder
ein Kissen, das du gerne bei dir haben möchtest?
Hast du eine Leselampe, oder findest du es schön,
wenn beim Vorlesen eine Kerze brennt?
Richte dir deinen Leseort so ein, wie du es magst,
und ruckele dich zurecht.
Los geht's!

Gemeinsam mit Ben und Luise hält Rosi Ausschau nach
einem ruhigen Schlafplatz und entdeckt eine kleine Kuhle
vor einem Hagebuttenstrauch. Sie beginnt noch tiefer zu
graben, und schon bald hat sich über ihr ein kleiner Erd-
haufen gebildet. Unter der Erde trampelt Rosi den Boden

schön glatt, holt sich noch ein bisschen Moos von der Wiese und liegt Probe. Der Boden ist kühl und feucht, aber durch ihr dichtes Fell bleibt sie immer schön warm, und zum Glück hat sie noch dazu die blaue Latzhose an. Auch die beiden Mäuse probieren den Schlafplatz aus.

»Sehr gemütlich! Moosbetten sind einfach die besten. Du bist eine super Baumeisterin!«, sagt Luise beeindruckt. »Komm, jetzt gehen wir essen. Ich habe einen Bären-, äh, einen Mäusehunger.« Rosi kichert.

Ben ist schon vorausgegangen und hat Luises gesamte Mäusefamilie zusammengetrommelt. Schon bald sitzen Rosi und die Mäuse zusammen und essen zu Abend. Alle haben etwas mitgebracht. Über ihnen baumeln Hagebuttenlaternen, und überall um sie herum verbreiten Glühwürmchen ihr warmes Licht.

Die Mäuse sind neugierig auf Rosis Geschichte, und das Maulwurfmädchen berichtet von seinen Plänen, von der Biberburg, von Fridolin und wie Luise und sie sich getroffen haben.

»Also, ich bleibe lieber hier bei meinen Freunden wohnen«, sagt Ben. »Du bist ganz schön mutig.« Er hat sich dicht an Luise gekuschelt, die jetzt gähnt und sich die Augen reibt.

»Ich muss ins Bett«, sagt sie und schaut zu Rosi hinüber.

»Ja, es war ein langer Tag«, sagt das Maulwurfmädchen. »Gute Nacht! Und vielen Dank für den schönen Abend!«

»Schlaf gut«, antworten Luise und Ben im Chor. »Morgen zeigen wir dir, wo es zum Garten geht, und begleiten dich bis zum Waldrand.«

Rosi trippelt zu ihrem Schlafbau, kriecht hinein, rollt sich zusammen und ist in Windeseile eingeschlafen.

In Rosis Bau ist es dunkel. Magst du die Dunkelheit? Leg dich auf den Rücken und leg die Arme neben dir ab, sodass die Handflächen nach unten zeigen. Dann schließ die Augen. Was kannst du jetzt fühlen? Ist es etwas Hartes oder Weiches? Ist es kalt oder warm?

Bleib ein paar Augenblicke liegen und stell dir Rosi in ihrem Bau vor. Dann beginne dich zu räkeln und zu strecken.

Am nächsten Morgen ist Rosi schon früh wach. Sie putzt sich ausgiebig das Fell und die Pfoten, zieht sich an und klettert dann aus dem Bau. Luise und Ben sind nirgends zu sehen. Sie schnuppert. Wie anders es hier riecht als am Bach! Da war alles so frisch und feucht und roch manch-

mal auch ein bisschen modrig. Hier ist die Luft ganz anders, es duftet nach Blüten, und über ihrem Kopf hört sie die Insekten surren und summen.

»Huhu!«, rufen Luise und Ben kurze Zeit später. »Ben ist ein Langschläfer. Es hat ziemlich lange gedauert, bis ich ihn endlich wachbekommen habe. Ich musste ihn mit einem Strohhalm an den Füßen kitzeln.«

Ben gähnt und sagt dann grinsend: »Jaja, mein Cousinchen hat ganz schön viele Tricks auf Lager. Kommt, lasst uns gehen.«

Eine Weile laufen Rosi, Luise und Ben am Feldrand entlang. Dabei kommen ihnen viele andere Tiere entgegen: Mäuse, Schnecken, Tausendfüßler – hier ist ordentlich was los!

Immer wieder bleibt Rosi stehen, um all die unbekannten Gerüche einzusaugen. Zu wem die wohl gehören?

Schließ die Augen und stell dir vor, dass du wie Rosi am Feldrand stehst. Es ist warm, die Sonne scheint auf deine Arme, deine Hände, deine Beine und dein Gesicht. Auch der Wind ist ganz warm und streicht über die vielen kleinen Härchen auf deiner Haut. Es riecht nach staubiger Erde. Der Geruch kitzelt sogar ein wenig in deiner Nase.

58

Neben dir wiegen sich die langen gelben Halme des Korns im Wind hin und her. Kannst du es riechen? Schnupper mal. Wie würdest du den Geruch beschreiben?

»Rosi, schläfst du?«, sagt Ben und holt sie aus ihren Gedanken.

Das Maulwurfmädchen schüttelt den Kopf. »Nein, ich habe auf die Umgebung geachtet. Es gibt hier so viel zu hören, zu sehen und zu riechen.«

»Oh ja«, stimmt Luise ihr zu. »Man muss nur mal innehalten, Ben. Das könntest du auch mal machen.«

Die drei Gefährten gehen weiter. Zwischendurch bleiben sie immer mal wieder stehen und stimmen kichernd ihr Lied an. Endlich ist das Feld zu Ende, und der Weg macht eine Kurve. In der Ferne sind die ersten Bäume zu sehen.

»Sind wir da?«, fragt Rosi.

»Ja, dahinten fängt der Wald an«, sagt Ben. »Wir drehen jetzt um. Du musst nur dem Waldrand folgen, dann kommst du irgendwann zu einer Holzpforte. Dort ist der Garten. Du kannst den Weg gar nicht verfehlen.«

Luise sieht ihre Freundin an. »Und wenn doch, dann fragst du einfach noch mal nach.«

»Ja, das mache ich«, sagt Rosi.

»Viel Glück!«, wünscht Ben. »Es war mir ein Vergnügen, eine Abenteurerin wie dich kennenzulernen.«

Rosi lacht. »Danke, ihr habt mir sehr geholfen. Und ich bin froh, euch getroffen zu haben! Ihr müsst auf jeden Fall zu meinem Einweihungsfest kommen«, sagt sie und ist ein bisschen traurig, dass sie nun allein weitergehen muss. Andererseits freut sie sich, dass sie ihrem Ziel immer näher kommt.

»Klaro!«, sagt Luise Butterblume und steckt Rosi eine Blüte hinters Ohr. Die andere ist schon lange weggeflogen. »So vergisst du mich nicht. Bis bald!«

Die Freundinnen umarmen sich fest, und Luise winkt, bis Ben und sie hinter der Wegbiegung verschwunden sind.

Aus dem Wald kommen viele laute Geräusche. Es pocht und hämmert, es knackt und rauscht. Rosi weiß gar nicht, wo sie zuerst hinhören soll.

Schließ die Augen und träume dich mit Rosi in den Wald. Du liegst auf einem weichen Moosbett, über dir leuchten der blaue Himmel und das grüne Blätterdach.

Erst ist es still, aber schon bald hörst du den Wind in den Wipfeln rauschen, hin und wieder knackt ein Ast. Ein Specht trommelt gegen den Stamm, in der Ferne ruft ein Uhu. Es duftet nach feuchter Erde, nach Holz und nach Moos. Du bleibst noch eine Weile liegen, ganz still und ruhig. Da lässt sich ein Schmetterling auf dir nieder und bewegt seine Flügel ein paarmal auf und ab. Du kannst das sanfte Kitzeln auf deiner Haut spüren.

Dann fliegt er wieder los, und du beginnst langsam, deine Finger und deine Zehen zu bewegen, und blinzelst vorsichtig deine Augen auf.

Hier gibt es so viel zu entdecken, denkt Rosi. Sie geht noch ein paar Schritte. Der Boden unter ihren Füßen ist ganz weich und streichelt ihre Sohlen. Hin und wieder spürt sie die Tannennadeln piksen. Sie lässt sich auf den weichen Boden plumpsen und macht erst mal Pause.

8.

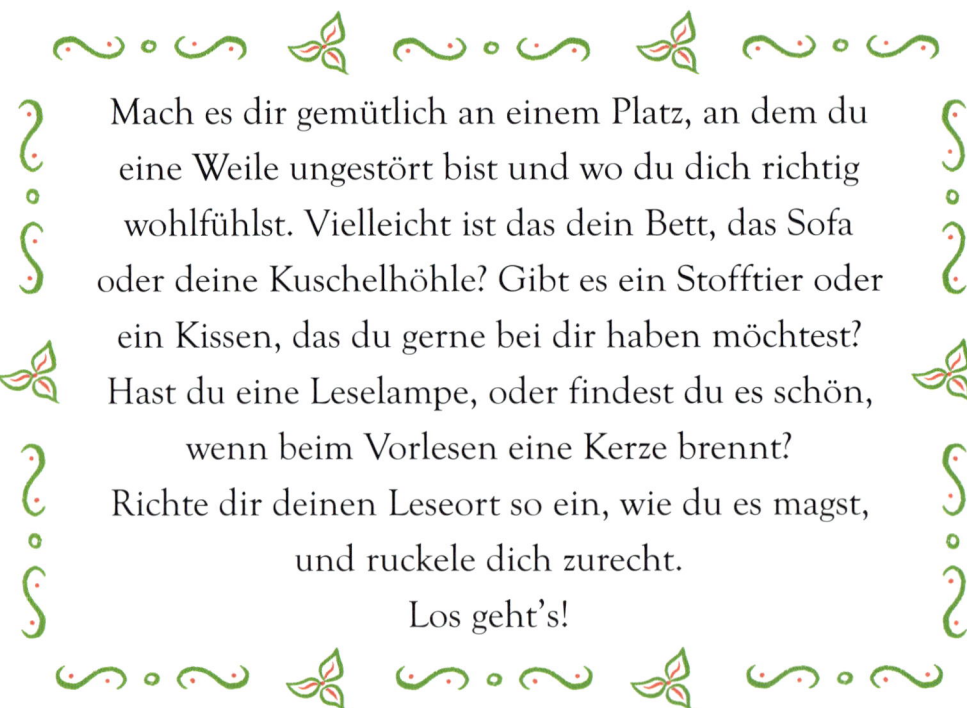

Mach es dir gemütlich an einem Platz, an dem du
eine Weile ungestört bist und wo du dich richtig
wohlfühlst. Vielleicht ist das dein Bett, das Sofa
oder deine Kuschelhöhle? Gibt es ein Stofftier oder
ein Kissen, das du gerne bei dir haben möchtest?
Hast du eine Leselampe, oder findest du es schön,
wenn beim Vorlesen eine Kerze brennt?
Richte dir deinen Leseort so ein, wie du es magst,
und ruckele dich zurecht.
Los geht's!

Rosi sitzt immer noch auf dem Waldboden und horcht
und schaut und schnuppert. Um sie herum ist zwar alles
fremd, doch das Maulwurfmädchen hat keine Angst. Ihr
ganzer Körper kribbelt vor Spannung und Vorfreude. Ob
sie hier auch jemanden trifft? Ob es noch weit ist bis zum

Garten? Sie steht auf, um ihre Umgebung zu erforschen, doch vom langen Sitzen fühlen sich ihre Beine richtig steif an. Jetzt muss sie sich erst mal strecken und recken!

Kennst du das auch? Manchmal spannt man alle Muskeln ganz fest an, zum Beispiel wenn man lange sitzt oder es kalt ist. Das passiert aber auch, wenn man Angst hat, nur merkt man davon gar nichts. Ball die Fäuste richtig fest, und lass dann wieder los. Wie fühlt sich das in den Armen an?

Rosi räkelt sich, streckt Pfoten und Zehen und lässt ein paarmal die Hüfte kreisen. Ah, das fühlt sich schon besser an!

Jetzt kann es losgehen. Sie folgt weiter dem Weg am Waldrand entlang, der nun kein reiner Trampelpfad aus weichem erdigen Boden mehr ist. Hier besteht der Weg aus vielen kleinen Steinen, die Rosis Füße kitzeln. Manche Steinchen sind aber auch ganz schön spitz und piksig, sodass das Maulwurfmädchen immer mal wieder stakst wie ein Storch. Darüber muss Rosi lachen, das sieht bestimmt lustig aus, wenn man ihr zusieht. Nach ein paar

Schritten entdeckt sie eine Butterblume am Waldrand und denkt an Luise. Sie lächelt und knabbert eine Blüte ab, um sie sich hinters Ohr zu stecken, und macht ein paar von Luises Tanzschritten. Dazu singt sie Fridolins Lied. Wie schön, Freunde zu haben, mit denen sie etwas geteilt hat und die sie hoffentlich bald wiedersehen wird. Das hätte sie alles nicht erlebt, wenn sie ihren alten Bau nicht verlassen hätte! Rosi ist stolz auf sich.

Plötzlich beginnt der Boden zu vibrieren. Ihre Füße zittern, erst so leicht, dass Rosi es fast gar nicht bemerkt, aber dann immer deutlicher. Das Zittern verwandelt sich in ein Beben, das die Beine hochsteigt und Rosis ganzen Körper erfasst, als würde sie jemand kräftig schütteln. Kurz darauf ist ein Knirschen zu hören, als würde etwas über die Steinchen rollen. Merkwürdig. Was kann das sein?

Rosi möchte sich die Sache erst mal aus sicherer Entfernung ansehen und versteckt sich hinter einem Haselnussstrauch. Solche Geräusche und diesen zitternden Boden hat sie bis jetzt noch nicht erlebt. Auch den Geruch kennt sie nicht. Etwas Scharfes, Metallisches liegt in der Luft.

»Wen haben wir denn da?«, hört sie eine laute Stimme hinter sich sagen.

Rosi dreht sich um und erkennt einen kleinen Vogel, der auf sie zuhüpft.

»Ich bin Rosi, und wer bist du?«, fragt sie neugierig.

»Gestatten, ich heiße Anton. Ich bin ein Spatz, siehst du das denn nicht?«, antwortet der kleine Vogel etwas beleidigt.

»Nein«, entschuldigt sich Rosi, »leider kenne ich mich mit Vögeln nicht so gut aus.«

»Ach so, kein Problem.« Anton hüpft von einem Bein aufs andere.

»Sag mal, Anton, der Boden zittert hier so komisch! Weißt du, was das ist?«

»Ach, das!« Der Spatz wedelt abwinkend mit dem Flügel. »Da brauchst du keine Angst zu haben, das ist nur ein Fahrrad! Das gehört dem Mädchen aus dem Garten.«

»Ein Fahrrad? Davon habe ich noch nie gehört. Was ist das denn?«, erkundigt sich Rosi.

»Wo kommst du denn her? Sicher nicht vom Dorf, oder? Fahrrad – das Ding mit den zwei Rändern, dem Sattel und dem Lenker, auf dem man durch die Gegend fahren kann natürlich. Ein bisschen so, als würde ich mich auf dich setzen und du trägst mich von einem Ort zum anderen.«

»Auf keinen Fall!«, sagt Rosi lachend. »Und das Mädchen wohnt wirklich im Garten?«

»Ja, der ist gleich da vorne.« Der Spatz deutet den Weg entlang. »Das ist mein Lieblingsplatz! Dort wachsen

Bäume, Blumen und Büsche, es gibt einen Rasen, einen Teich und im Winter sogar ein Vogelhäuschen, in das die Familie Futter für uns streut. Ein richtiges Paradies«, schwärmt Anton.

Rosi grinst breit. Sie ist ihrem Ziel also schon ganz nah. »Genau da möchte ich hin«, sagt sie. »Ich möchte mir dort ein neues Zuhause graben.«

»Wie schön, dann sind wir Nachbarn. Und du hast Glück, der letzte Maulwurf ist gerade ausgezogen, da ist noch viel Platz für dich«, erklärt Anton.

Rosi wird wohlig warm, und ihr kleines Maulwurfsherz pocht. Ein Paradies, das klingt genau nach dem Ort, den sie sucht. Die Sache mit dem Futterstreuen versteht sie zwar nicht so richtig, aber Rasen kennt sie gut! Dort lässt es sich herrlich graben!

Schließ die Augen und leg deine rechte Hand auf die linke Seite deiner Brust. Spürst du deinen Herzschlag? Schlägt dein Herz langsam oder schnell? Atme jetzt ganz langsam und gleichmäßig ein und aus. Verändert sich dein Herzschlag?

Plötzlich spürt Rosi wieder das aufgeregte Kribbeln im Körper. Am liebsten würde sie sofort in den Garten laufen. Sie hopst von einem Fuß auf den anderen und reckt neugierig die Schnauze in die Luft. Anton beobachtet sie und fragt dann grinsend: »Ich dachte immer, Maulwürfe wären gemütliche Tiere. Du bist eher von der neugierigen Sorte, was? Ich mag das.«

Er schlägt mit den Flügeln und hebt vom Boden ab.

»Komm, ich zeige dir den Weg. Es gibt eine Stelle, da kannst du ganz leicht durch den Zaun schlüpfen.«

Und so fliegt Anton voran, und Rosi folgt dem Flattern seiner Flügel.

Stell dir vor, deine Schultern sind deine Flügel. Zieh sie ganz bis nach oben zu deinen Ohren und lass sie dann wieder los und nach unten fallen. Mach das ein paarmal hintereinander. Lass deine Flügel flattern!

9.

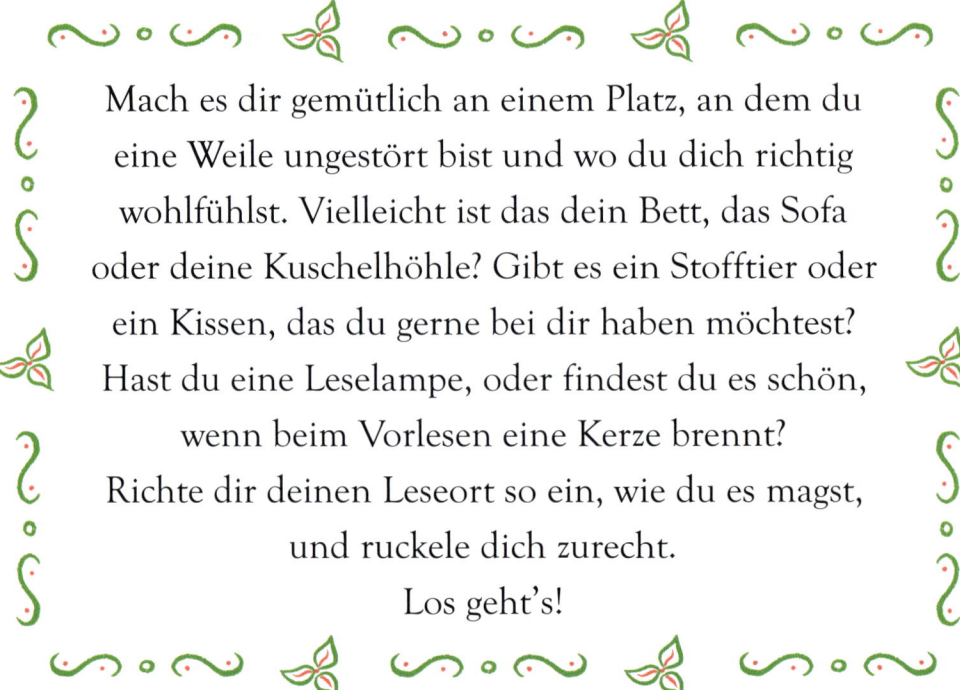

Mach es dir gemütlich an einem Platz, an dem du
eine Weile ungestört bist und wo du dich richtig
wohlfühlst. Vielleicht ist das dein Bett, das Sofa
oder deine Kuschelhöhle? Gibt es ein Stofftier oder
ein Kissen, das du gerne bei dir haben möchtest?
Hast du eine Leselampe, oder findest du es schön,
wenn beim Vorlesen eine Kerze brennt?
Richte dir deinen Leseort so ein, wie du es magst,
und ruckele dich zurecht.
Los geht's!

Rosi und Anton machen sich gemeinsam auf den Weg in
Richtung Garten. Rosi geht zu Fuß, Anton flattert über ihr,
fliegt mal nach rechts, mal nach links, und das Maulwurfmädchen schaut ihm zu. Dabei unterhalten sie sich über
Rosis Reise, und Anton erzählt vom Leben in der Luft.

Es dauert nicht lange, bis sie am Gartenzaun ankommen. Er ist aus Holz oder besser aus vielen dicken Ästen, die dicht nebeneinander im Boden stecken und fast wie ein Wald aussehen. Es riecht nach Holz und Rasen, und Rosi fühlt sich sofort wohl.

Anton fliegt auf die Spitze einer Latte. »So, da wären wir«, sagt er. »Du kannst genau hier unter dem Zaun durchkriechen, wenn du dich ganz platt machst.«

Rosi geht an den Zaun heran und steckt die Nase in den kleinen Spalt zwischen zwei Ästen. Tatsächlich, wenn sie sich ganz kleinmacht, dann kommt sie hier bestimmt durch. Sie atmet tief aus und versucht, den Bauch ein bisschen einzuziehen. Dann schiebt sie sich durch den schmalen Spalt. Fast wäre sie mit dem Po stecken geblieben, aber mit ein bisschen Winden und Tricksen schlüpft sie schließlich ganz durch. Sie schüttelt sich und holt ein paarmal tief Luft.

»Super, du bist ja biegsam wie ein Grashalm!«, ruft Anton bewundernd.

Leg dich auf den Rücken und stell dir vor, wie du dich durch einen schmalen Spalt schlängelst. Bewege die Schultern, das Becken und die Beine und mach dich ganz schmal und klein. Dann mach dich wieder ganz groß, streck die Arme und Beine von dir. Wenn du magst, kannst du diese Bewegungen ein paarmal wiederholen.

Rosi grinst. So etwas hat noch nie jemand zu ihr gesagt. Anton ist wirklich nett. Das ist ein guter Start in ihr neues Zuhause, findet sie.

Sie sieht sich um. Wie es hier duftet! Überall blühen Blumen, es riecht nach Nektar und frischen grünen Blättern, nach Erde und frisch gemähtem Gras. Doch da ist noch etwas. Rosi weiß nicht genau, was es ist, aber es riecht köstlich, süß und frisch zugleich. *Immer der Nase nach*, denkt sie und folgt dem Duft. Nach wenigen Schritten entdeckt sie etwas Großes, Rundes und Rotes, das vor ihr liegt. Von diesem Ding geht der leckere Geruch aus. Es fühlt sich fest an, und als Rosi mit der Nase daran stupst, bewegt es sich ein wenig von ihr weg.

»Spielst du Nasenfußball?«, fragt Anton und kichert. »Also ich esse die Äpfel ja lieber, als mit ihnen zu spielen.«

Rosi schüttelt verblüfft den Kopf. »Nasenfußball? Klingt lustig. Ich habe noch nie einen Apfel probiert, aber er riecht lecker.« Sie umrundet den Apfel neugierig. Die rote Haut glänzt verlockend.

Anton lacht. »Du kommst echt vom Mond! Äpfel sind köstlich. Und den hier hat wahrscheinlich das Mädchen verloren. Ich wette, heute Nacht kommt der Igel vorbei und schnappt ihn sich. Wenn du auch etwas davon haben willst, musst du dich ranhalten.«

Rosi schnuppert und nimmt einen vorsichtigen Bissen. Er schmeckt saftig und süß und ein bisschen sauer. Sie schüttelt sich. »Das schmeckt ... besonders. Ich glaube, der Igel kann ihn haben. Sollen wir vorher noch eine Runde Nasenfußball spielen?«

Anton landet neben Rosi, und gemeinsam schieben sie den Apfel mit Nase und Schnabel von rechts nach links und wieder zurück. Dann lassen sie ihn einen kleinen Abhang hinunterkullern. Das Maulwurfmädchen läuft hinterher. Der Garten ist wirklich groß, und überall sieht es wunderschön aus.

Hier möchte ich bleiben, denkt Rosi und überlegt, wo sie ihr neues Zuhause graben könnte. Eine schöne Aussicht wäre gut, viel Platz und weicher, aber doch stabiler Boden. Und nette Nachbarn wünscht sie sich auch ...

»Ich suche einen guten Platz für meinen Bau. Hast du einen Tipp für mich, Anton?«, fragt Rosi. »Und wohnen hier noch andere Tiere?«

Anton flattert über ihr einen großen Bogen. »Klar, hier

wimmelt es von Tieren. Ich glaube, die Menschen, die hier wohnen, wären nicht begeistert, wenn du unter den Rasen ziehen würdest. Deine Hügel mögen Menschen nämlich nicht. Aber hinten rechts, beim Komposthaufen, da ist ein guter Platz. Und mein Schlafbaum ist auch ganz in der Nähe.«

»Das klingt gut, zeigst du mir das mal?«, fragt Rosi.

Der kleine Vogel fliegt voran, und Rosi folgt ihm.

Neben einem großen Haufen Kartoffelschalen, Blumenresten und abgeschnittenen Grashalmen liegt ein freies Beet mit viel aufgelockerter Erde zum Buddeln. Daneben stehen ein paar Obstbäume, auf deren Ästen Vögel sitzen und laut zwitschern. In den Trillerpausen hört man Bienen summen und Fliegen schwirren.

Perfekt, denkt Rosi. *Hier habe ich alles, was ich brauche.*

»Ich fliege mal wieder weiter«, ruft Anton, der neben den anderen Vögeln auf dem Baum sitzt, die ihm ein fröhliches »Hallo« zuzwitschern und ihre Federn aufplustern. »Ich habe gerade zwei Freundinnen getroffen, mit denen ich der Terrasse einen kleinen Besuch abstatten werde. Vielleicht gibt's da ja Brotkrümel. Ich liebe Brotkrümel!«

»Danke, Anton«, antwortet Rosi. »Ich ruhe mich hier noch ein bisschen aus, bevor ich mit dem Bauen anfange.«

»Wir sehen uns«, sagt Anton und fliegt ein paar Achten über Rosis Kopf, dann ist er in Richtung Haus verschwunden.

Schließ die Augen und träum dich in einen großen, bunten Garten. Du sitzt auf einer Bank unter einem mächtigen Baum. Wenn du die Hand ausstreckst, kannst du die unebene Rinde unter deinen Fingern spüren, die sich ganz rau und warm anfühlt. Neben dir steht ein blühender Rosenstrauch mit dunkelgrünen Blättern. Die Blüten sind leuchtend rot und sehen samtweich aus. Ihr Duft weht zu dir herüber, und du atmest ihn tief ein.

Wenn du ganz genau hinhörst, kannst du einen Igel schmatzen hören, der in einen Apfel beißt, der am Boden liegt. Stell dir alles ganz genau vor, die Farben, die Gerüche und die Geräusche, und mach dann langsam die Augen auf.

10.

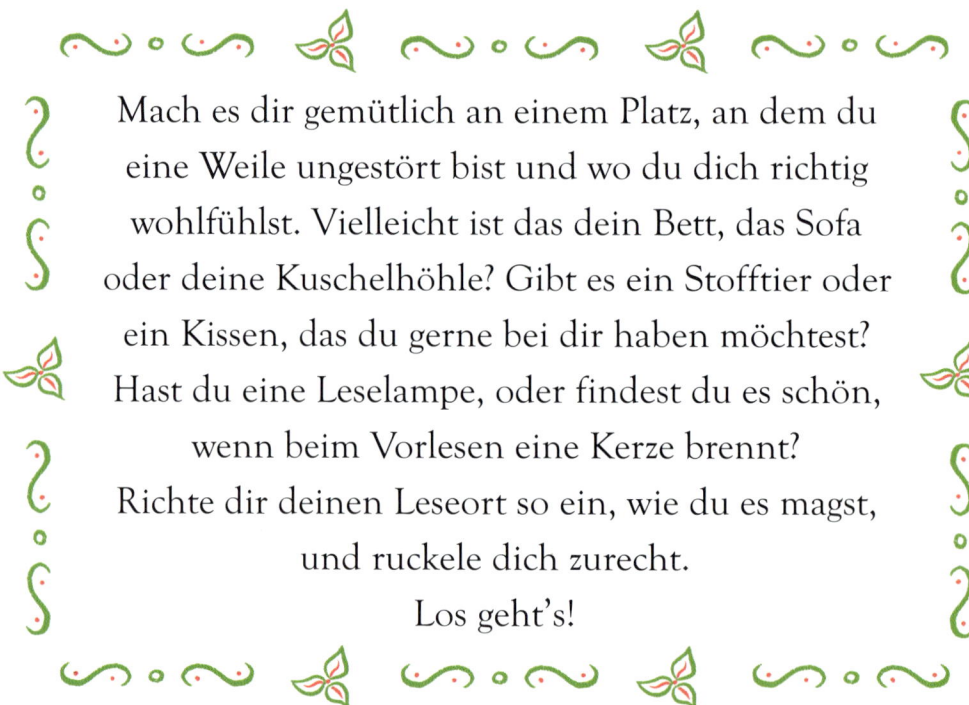

Mach es dir gemütlich an einem Platz, an dem du
eine Weile ungestört bist und wo du dich richtig
wohlfühlst. Vielleicht ist das dein Bett, das Sofa
oder deine Kuschelhöhle? Gibt es ein Stofftier oder
ein Kissen, das du gerne bei dir haben möchtest?
Hast du eine Leselampe, oder findest du es schön,
wenn beim Vorlesen eine Kerze brennt?
Richte dir deinen Leseort so ein, wie du es magst,
und ruckele dich zurecht.
Los geht's!

Der Garten ist genauso schön, wie Rosi es sich vorgestellt
hat. Sie sitzt dort, wo sie später ihren Bau graben möchte,
und lässt sich genüsslich die Sonne auf den Bauch scheinen. Nach einer Weile klappen ihre Augenlider zu. Als
neben ihr eine Libelle vorbeibrummt, schreckt sie hoch

und schaut sich um. Gut, dass die Libelle sie geweckt hat. *Jetzt wird nicht geschlafen*, denkt sie. *Jetzt wird gegraben!*

Sie bringt ihre Vorderpfoten in Position und fängt an. Die Erde wirft sie hinter sich. Wie gut, dass der Boden hier locker und krümelig ist, schon nach kurzer Zeit hat sie einen Eingangstunnel gegraben.

Zuerst das Schlafnest, überlegt sie. *Nein, besser erst mal das Wohnzimmer.*

Rosi gräbt weiter: Wohnzimmer, Schlafnest, zwei Vorratskammern, dazu Lüftungsschächte, damit die miefige Luft abziehen und frische Luft in die Höhle strömen kann.

Danach klopft sie alles mit ihren kleinen Pfoten fest. Das reicht für heute, jetzt braucht sie nur noch ein weiches Polster im Schlafnest und ein bisschen Vorrat für die Speisekammer.

Sie kriecht wieder aus dem Bau, schüttelt die Pfoten aus und wackelt mit den Zehen. Dann macht sie sich auf den Weg zum Komposthaufen.

So lange zu graben ist selbst für Maulwurfpfoten anstrengend. Leg dich auf den Bauch, streck die Beine nach hinten aus und mach dich ganz lang. Beug die Knie und schieb die Fußsohlen in Richtung Zimmerdecke, als wolltest du etwas gegen die Decke drücken. Male mit den großen Zehen Kreise in die Luft, dabei bewegen sich auch deine Fußgelenke. Halte die Füße wieder still, und stell dir vor, jemand tippt gegen deinen rechten Fuß und beide Unterschenkel bewegen sich ein bisschen nach links, dann nach rechts. Deine Unterschenkel sind wie Gräser im Wind und schwingen eine Weile ganz locker hin und her.

Als Rosi am Komposthaufen angekommen ist, erschnüffelt sie modriges, aber auch frisches Gras. Davon nimmt sie sich ein paar Haufen mit, dazu ein paar Blüten und knackige rote Hagebutten, die sie am Boden findet. Sie läuft zurück zum Bau, polstert das Schlafnest aus und bringt die Vorräte in die Kammer. Danach kriecht sie noch mal ans Tageslicht. Von links nähert sich vorsichtig eine schwarz glänzende Amsel.

»Hallo, willkommen im Garten«, zwitschert sie. »Anton hat mir gerade erzählt, dass du hier eingezogen bist. Ich freue mich, dich kennenzulernen. Ich bin Almut und wohne dort hinten auf dem Schuppendach im Efeu.«

»Ich bin Rosi. Hallo, Almut, ich freue mich auch sehr. Du hast einen sehr schönen Namen«, antwortet Rosi und

winkt ihr zu. Sie will Almut gerade noch eine Frage stellen, als Anton angeflattert kommt.

»Na, schon eingerichtet?«, fragt er neugierig.

»Ja, ich habe schon mal angefangen. Es ist wirklich toll hier, es gibt viel Leckeres zu fressen, und ich freue mich darauf, meine neuen Nachbarn kennenzulernen. Ich glaube, hier ist richtig Leben in der Bude, das gefällt mir.«

»Oh ja, hier ist was los«, sagt Anton. »Manchmal haben die Menschen auch Besuch, da wird gesungen, und die Kinder spielen auf dem Rasen Ball. Und jeden Morgen und jeden Abend bringen sie etwas zum Komposthaufen. Sie sind richtig nett, du wirst schon sehen.«

»Mit den Nachbarn dachte ich eigentlich an die Tiere«, sagt Rosi und schmunzelt, »aber auf die Menschen bin ich auch gespannt.«

Almut nickt. »Anton hat recht, sie sind nett und kümmern sich um uns.«

Anton ist inzwischen vor den Eingang von Rosis Bau gehüpft und lugt hinein. »Schade, dass ich mir deinen Bau nicht anschauen kann. Rein käme ich wahrscheinlich noch, aber raus nicht mehr. Ich kann ja nicht rückwärtslaufen. Dabei bin ich soooo neugierig«, sagt Anton und grinst.

Rosi beschreibt Anton und Almut, wie es bei ihr aussieht. Nun stecken beide den Kopf zum Eingang hinein.

»Zu dunkel, ich sehe rein gar nichts«, sagt Almut.

»Aber ein paar schöne Hügel hast du schon gemacht«, fügt Anton hinzu. »Weiter so, ich hoffe auf fette Regenwürmer!«

Die beiden Vögel lachen und fliegen auf den Apfelbaum.

»Ich gehe jetzt schlafen«, sagt Anton und steckt auch schon den Kopf zwischen die Flügel.

Almut hüpft in ihr Nest. »Ich auch«, sagt sie und winkt.

Rosi winkt zurück. »Gute Nacht, wir sehen uns morgen.«

Das Maulwurfmädchen setzt sich noch ein Weilchen in ihr neues Wohnzimmer und dekoriert die Wände mit ein paar Blütenblättern. Dann geht sie ins Schlafzimmer und legt sich in ihr weiches Schlafnest.

Sie kuschelt sich noch mal nach rechts, dann nach links, schubbert ein bisschen mit dem Po hin und her und klopft auf die Halme, bis das Gras so platt gelegen ist, wie es ihr gefällt, und schließt die Augen.

Es dauert nicht lange, und sie ist eingeschlafen.

Mitten in der Nacht wacht sie auf, weil sie mit dem Kopf gegen die Wand des Schlafzimmers gestoßen ist. *Was ist denn jetzt los?*, denkt sie, doch dann fällt es ihr wieder ein. Sie hat geträumt, sie wäre auf einem kleinen Boot unterwegs, das auf den Wellen von rechts nach links schaukelt. Wahrscheinlich hat sie im Schlaf tatsächlich geschaukelt und geschwankt, so lange, bis ihr Kopf die Wand berührt hat. Dabei hat sie dieses Mal doch extra darauf geachtet, dass ihre Höhle groß genug ist, damit ihr das nicht passiert!

Setz dich in den Schneidersitz und fang an, ganz langsam vor und zurück zu schaukeln, dann nach rechts und links, als wärst du auf einem schwankenden Boot unterwegs. Wenn der Wind stärker wird, schaukelst du etwas mehr, wenn das Meer wieder spiegelglatt ist, dann schwankst du fast gar nicht mehr.

Lass deine Augen dabei ruhig offen. Nach einer Weile hörst du ganz mit dem Schaukeln auf und legst dich auf den Rücken. Wie fühlt sich das jetzt an?

Rosi liegt noch eine Weile wach. Ihr Traum lässt sie nicht los. Immer wenn sie die Augen zumacht, ist sie wieder auf dem Wasser, und das Gras unter ihr beginnt sich zu bewegen. Fast glaubt sie, das Wasser rauschen zu hören.

Irgendwie auch ganz schön, denkt Rosi, *hier so gemütlich in*

meinem neuen Bau zu liegen und im Traum auf eine Reise zu gehen. Sie kuschelt sich tief in ihr Schlafnest und denkt an das Meer und die Wogen.

Bald ist sie so müde, dass ihre Augen von ganz allein zuklappen und sie einschläft.

11.

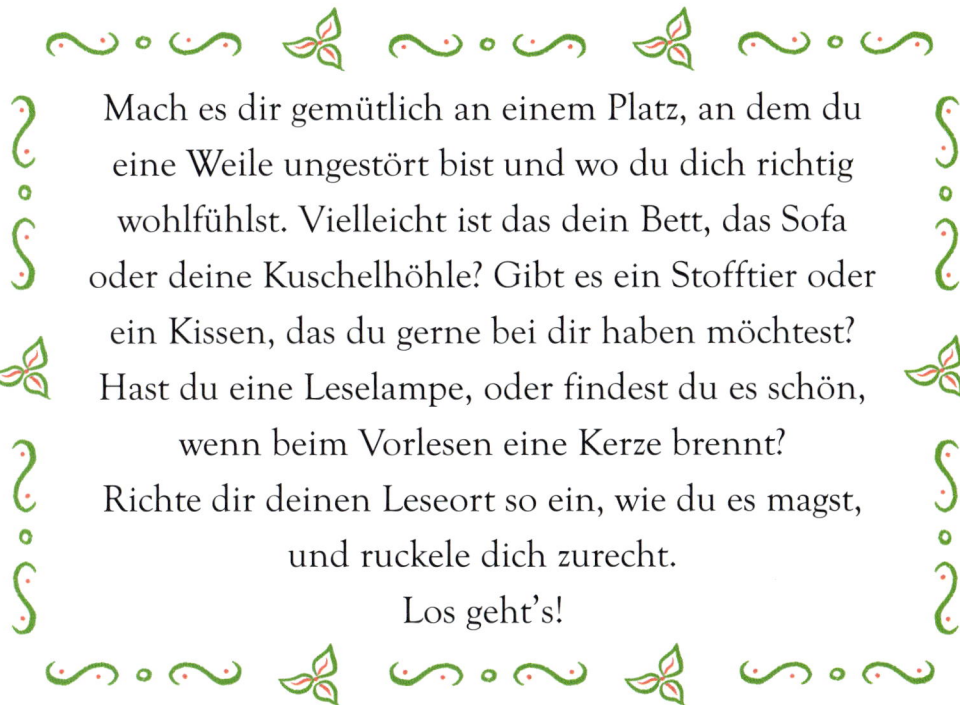

Mach es dir gemütlich an einem Platz, an dem du
eine Weile ungestört bist und wo du dich richtig
wohlfühlst. Vielleicht ist das dein Bett, das Sofa
oder deine Kuschelhöhle? Gibt es ein Stofftier oder
ein Kissen, das du gerne bei dir haben möchtest?
Hast du eine Leselampe, oder findest du es schön,
wenn beim Vorlesen eine Kerze brennt?
Richte dir deinen Leseort so ein, wie du es magst,
und ruckele dich zurecht.
Los geht's!

Am nächsten Morgen wird Rosi von einem leisen Knistern
geweckt. Das Knistern wird lauter, und plötzlich beginnt
die Decke zu vibrieren, und ein paar Erdkrümel rieseln he-
runter. *Ob das wohl die Schritte eines Menschen sind?*, überlegt
Rosi. Sie dreht sich noch mal auf die Seite, aber so warm

und behaglich ihr Schlafnest auch ist, ihre Neugier ist größer. Sie will unbedingt wissen, wer diese Menschen sind, denen der Garten gehört. Wie sie wohl aussehen? Und ob sie Maulwürfe mögen? Schnell läuft sie zum Eingang und lugt vorsichtig aus dem Bau.

Am Komposthaufen steht eine Frau, die gerade etwas auf den Kompost wirft. Sie macht einen freundlichen Eindruck, hat wirres, braunes Haar, eine bequem aussehende Hose und einen roten Pullover an und hat eine kleine Dose in der Hand. Sie blinzelt in die Sonne, seufzt genüsslich und kippt die Dose aus.

Dann dreht sie sich um, summt vor sich hin und geht wieder in Richtung Haus.

Rosi klettert aus dem Bau und schaut sich am Komposthaufen um. Dieses merkwürdige braune Pulver, das sogar noch ein wenig dampft, macht sie neugierig.

Menschen sind schon seltsam, denkt Rosi und schaut noch genauer hin. *Was das wohl sein könnte? Ob sie das etwa essen?*

Apropos Essen: Zeit fürs Frühstück! Rosi sammelt ein paar Beeren, die an einem Strauch neben dem Komposthaufen wachsen, und macht es sich damit vor ihrem Bau gemütlich. Sie hat gerade den letzten Bissen im Mund, als Anton auf sie zufliegt.

»Guten Morgen, Rosi. Hast du gut geschlafen?«, fragt er gut gelaunt, landet neben ihr und beginnt sich zu putzen.

»Bestens und du?«, fragt Rosi, die sich mit einem Blatt den roten Beerensaft von der Schnauze wischt.

»Hervorragend. Mein Schlafbaum ist einfach perfekt«, antwortet Anton. »Hast du etwas geträumt?«

»Ja«, sagt Rosi, »ich war auf dem Wasser unterwegs, in einem Boot.«

»Ein Maulwurf im Boot, wie witzig! Und wie war das?«

»Es hat geschaukelt, und ich habe mir den Kopf ange-hauen«, antwortet Rosi lachend. »Ich bleibe lieber an Land.«

»Oder unter der Erde.« Anton kichert. »Was hast du heute vor?«

»Och, nichts Besonderes. Ich möchte mich ein wenig umsehen und mein Zuhause noch ein bisschen schöner machen. Und du?«

»Ich fliege jetzt meine Runden, das ist mein Fitness-programm jeden Morgen. Dabei entdecke ich meist etwas Spannendes und schaue mir das dann näher an.«

»Gute Idee. Eine Runde drehe ich jetzt auch«, sagt Rosi, und die beiden winken sich mit Pfote und Flügel zu.

Rosi geht am Komposthaufen vorbei, an den Sträuchern mit den Beeren entlang, wo sie die Libelle von gestern wie-dertrifft. *Was für ein spannendes Tier*, denkt Rosi.

»Hallo! Ich habe dich gestern schon bewundert. Wie elegant du fliegen kannst, vorwärts und rückwärts! Und deine Flügel sehen aus wie ganz feines Glas! Ich bin übrigens Rosi und neu in den Garten gezogen.«

»Hallo, Rosi«, sagt die Libelle. »Danke für das Kompliment. Ich heiße Lilli und wohne hier links am Teich.« Die Flügel glänzen in der Sonne, und der schmale Körper schimmert bläulich. »Ich finde es toll, ein Tier kennenzulernen, das unter der Erde wohnt. Ist es da nicht sehr kalt?«

»Nö, man muss es sich nur richtig gemütlich machen und viel Gras zum Auspolstern sammeln.« Rosi schaut sich um. »Ich glaube, ich nehme mir dieses samtige große Blatt mit. Das sieht nach einem schönen weichen Teppich aus.«

»Bis bald, Rosi, man sieht sich!« Lilli surrt davon. Rosi winkt ihr nach und trägt das Blatt zum Bau.

Wo sitzt oder liegst du gerade? Auf einem Teppich oder einem glatten Boden? Zieh die Socken aus und stell die Füße auf den Boden, schließ die Augen, und spüre, wie sich deine Umgebung unter deinen Fußsohlen anfühlt. Spürst du Kälte oder Wärme? Ist es weich oder hart? Welche Geräusche hörst du, wenn du mit den Füßen auf den Boden tippst?

Bevor Rosi ihren Teppich in den Bau zieht, macht sie ein wenig Ordnung und tritt den Boden noch mal ordentlich fest. Dann breitet sie das Blatt im Wohnzimmer aus. Sehr schön sieht das aus, findet sie. Nun fehlen nur noch ein paar Blumen.

Rosi klettert aus dem Bau, wo Anton schon auf sie wartet. »Auf meiner Runde habe ich am Waldrand einen Maulwurf gesehen. Ich bin gleich neben ihm gelandet. Ein Maulwurfmädchen kenne ich jetzt ja schon, und wenn der Maulwurfjunge auch so nett ist, kann ja nichts schiefgehen.« Er zwinkert Rosi zu. »Du kennst ihn! Es war Fridolin. Und er kommt dich besuchen. Ich habe ihm den Weg erklärt.«

Bei Antons Worten wird Rosi ganz warm ums Herz, und sie macht einen kleinen Luftsprung. Fridolin kommt! Schade nur, dass Luise nicht auch da ist.

»Wenn Fridolin da ist, feiern wir ein Fest«, sagt Rosi und lacht. »Und wir haben eine Überraschung für dich, Frido-  lin ist nämlich ein ganz besonderer Maulwurf ...«

Anton bewegt die Flügel. »Da bin ich gespannt. Und ein Fest ist immer gut. Ich drehe noch eine Runde.«

»Viel Spaß!«, ruft Rosi und verschwindet in ihrem Bau. *Das Leben ist schön*, denkt sie und grinst vor sich hin.

Setz dich bequem hin, schließ die Augen und reib deine Hände ganz schnell aneinander. Leg sie nach einer Weile auf den Brustkorb. Was fühlst du? Wird dir warm ums Herz? Und was oder wer fällt dir dabei ein? Lass deinen Vorleser oder deine Vorleserin ruhig mitmachen!

12.

Mach es dir gemütlich an einem Platz, an dem du
eine Weile ungestört bist und wo du dich richtig
wohlfühlst. Vielleicht ist das dein Bett, das Sofa
oder deine Kuschelhöhle? Gibt es ein Stofftier oder
ein Kissen, das du gerne bei dir haben möchtest?
Hast du eine Leselampe, oder findest du es schön,
wenn beim Vorlesen eine Kerze brennt?
Richte dir deinen Leseort so ein, wie du es magst,
und ruckele dich zurecht.
Los geht's!

Rosi sieht sich im Bau um. Ob hier noch ein zweiter Maulwurf Platz hätte? Sie beschließt, noch ein wenig anzubauen und ein Gästezimmer zu graben. Gut gelaunt stemmt sie die Zehen in die Erde und summt vor sich hin. Dieses Mal biegt sie rechts ab und stößt schon bald auf ein Lager mit

Haselnüssen. Daneben liegt ein Haufen Walnüsse. *Was ist das denn?*, fragt sich Rosi. Die Nüsse riechen ein wenig muffig, sehen aber noch ganz lecker aus.

Wem die wohl gehören? Wohnt vielleicht doch noch ein anderes Tier in der Nähe, das sie übersehen und von dem ihr auch Anton nichts erzählt hat?

Langsam gräbt sie sich nach oben, streckt den Kopf aus der Erde und schaut sich um. Sie sieht aufmerksam in alle Richtungen. Nichts. Doch als sie zum Eingang ihres Baus schaut, entdeckt sie einen Gartenbewohner, den sie noch nicht kennt.

Rosi verschwindet wieder unter der Erde, läuft quer durch den Bau und klettert durch den Eingang an die Oberfläche. Das Tier hat eine putzige Nase, süße kleine Ohren, scharfe Krallen an den Pfoten und einen buschigen, langen Schwanz. Ein Eichhörnchen!

»Hallo«, sagte Rosi leise, um es nicht zu erschrecken, dann räuspert sie sich und sagt etwas lauter: »Ich bin Rosi und neu hier im Garten. Schön, dich zu sehen.«

Das Eichhörnchen dreht sich um und beugt sich zu ihr hinunter. Sein dichter brauner Schwanz rollt sich nach oben.

»Hallo, Rosi. Ich heiße Ludwig, Ludwig Eichhorn. Aber alle nennen mich Ludi. Ich wohne da drüben in diesem großen Baum, dort liegt mein Kobel. Und du? Wo genau bist du eingezogen?«

»Ich habe mir direkt unter uns einen Bau gegraben, die Erde hier ist wunderbar weich, es ging ganz leicht.«

»Gefällt es dir hier?«, fragt Ludi.

»Ja, sehr. Ich habe mich auch schon mit Anton, Almut und Lilli angefreundet und finde es hier sehr schön.«

Ludi sieht sich aufmerksam um und kratzt sich hinterm Ohr. Aus seinem Bauch kommt ein merkwürdiges, grummelndes Geräusch. »Ähm, Rosi ...?«

Rosi wundert sich, warum Ludi plötzlich so verlegen ist.

»Ich ... ich suche meine Nüsse«, fährt Ludi fort. »Ich habe schon deine Haufen umgegraben, aber da sind sie nicht. Im Herbst habe ich mir einen großen Vorrat angelegt, aber inzwischen habe ich vergessen, wo. Es fällt mir einfach nicht mehr ein, und ich habe solchen Hunger!«

»Ah, das ist es, dein Magen knurrt.«

Leg deine Hände auf deinen Bauch. Knurrt dein Magen auch? Kannst du es gluckern oder glucksen spüren? Leg dich auf den Rücken und höre genau hin. Nach einer Weile macht dein Bauch Geräusche, als wolle er sich mit dir unterhalten.

»Genau. Hast du vielleicht beim Graben ein paar Nüsse gefunden?«

»Ach, das sind deine Nüsse!«, antwortet Rosi. »Die habe ich tatsächlich gefunden, als ich das Gästezimmer gegraben habe. Soll ich sie dir holen?«

Ludi seufzt erleichtert, wedelt glücklich mit dem Schwanz und beginnt, auf der Stelle zu hopsen. »Nein, das musst du nicht. Zeig mir, wo sie sind, dann hole ich sie nach oben.«

»Quatsch! Was Graben angeht, bin ich Expertin, das geht ganz schnell. Außerdem helfe ich dir gerne.« Rosi krabbelt in den frisch gegrabenen Tunnel und beginnt, Nuss für Nuss nach oben zu rollen.

Nach einer Weile ist sie fertig. Sie kriecht ans Tageslicht und schaut zu Ludi, der genüsslich vor sich hin knabbert.

»Und geht es dir jetzt besser?«

»Und ob! Vielen, vielen Dank! Jetzt muss ich nur überlegen, wo ich den Vorrat verstecke. Leider ist das nicht so einfach, ich bin so was von vergesslich ...«, sagt Ludi und zuckt mit den Schultern.

»Ich könnte dir helfen«, schlägt

Rosi vor. »Ich grabe dir einen stabilen Tunnel und merke mir genau, wo er liegt. Dort legst du dann die Nüsse rein. Mir etwas zu merken, was unter der Erde liegt, kann ich nämlich auch ziemlich gut.«

»Tolle Idee!«, freut sich Ludi. »Damit hilfst du mir sehr, vielen Dank!«

Rosi wird unter ihrem Fell erdbeerrot.

Sie fängt gleich mit der Arbeit an, und als alle Nüsse verstaut sind, sitzen Rosi und Ludi nebeneinander am Komposthaufen und blicken zu Anton, der gerade angeflogen kommt.

»Schau mal, dahinten ist Fridolin«, sagt der kleine Vogel.

Rosi springt auf.

»Fridolin, huhu!«, ruft sie.

Fridolin winkt und kommt rasch näher. »Wow, das ist ja cool hier«, sagt er. »Hier gibt es sogar einen Teich! Und nette Nachbarn hast du auch«, fügt er mit Blick auf Anton hinzu.

»Und er ist nicht der Einzige!«, sagt Rosi. »Da sind noch Almut und Lilli, eine Amsel und eine Libelle. Und neben mir, das ist Ludi Eichhorn.«

»Hallo, Ludi, schön, dich kennenzulernen«, sagt Fridolin und lässt sich auf den Rasen plumpsen.

»Wisst ihr was?«, sagt Rosi. »Ich gebe eine Willkommensparty und lade alle ein. Dann können wir singen und tanzen und zusammen Spaß haben!«

»Eine super Idee«, antwortet Fridolin. »Ich helfe dir, alles vorzubereiten.«

»Und ich lade die anderen ein«, schlägt Anton vor.

»Ich kümmere mich ums Essen«, fügt Ludi hinzu.

»Abgemacht«, freut sich Rosi. »Kannst du auch zu Luise fliegen und ihr Bescheid sagen?«

»Logo«, antwortet Anton und ist schon unterwegs.

Schon bald haben Fridolin und Rosi eine Blütengirlande aufgehängt, Gänseblümchen auf dem Boden verteilt, Hagebuttenlaternen aufgestellt und kleine Mooskissen zum Sitzen in einen Kreis gelegt. Ludi bringt Blätter, Beeren, Gräser, Samen und natürlich Nüsse aus seinem Vorrat, und schon bald kommen die anderen Gäste. Auch Luise ist da, sie wischt sich den Schweiß von der Stirn, so sehr hat sie sich beeilt. Lilli hat noch ein paar Libellen mitgebracht, und Almut und Anton machen es sich am Boden gemütlich. Ludi, Fridolin, Luise und Rosi setzen sich ebenfalls in den Kreis. Die Tiere plaudern, essen und trinken, und langsam wird es dunkel.

Die Hagebuttenlaternen leuchten mit den Sternen am Himmel um die Wette, und Fridolin und Rosi stimmen Fridolins Lied an und tanzen mit Luise dazu. Die Libellen schwirren im Takt durch die Luft, Ludi klopft mit dem Schwanz auf den Boden, und die beiden Vögel flattern vergnügt mit den Flügeln. *Surrbummflatterklopf, surrbummflatterklopf*, hallt es durch die Nacht. An dieses Fest wird man sich im Garten noch lange erinnern!

Leg dich auf den Rücken und schließ die Augen. Stell dir vor, wie über dir die hellen Sterne am dunklen Himmel glänzen. Überall um dich herum leuchten die roten Lichter der Hagebuttenlaternen wie kleine Punkte in der schwarzen Nacht. Du hörst das feine sanfte Surren der Libellen und das Flattern der Vogelflügel. Die Blätter rascheln mal lauter, mal leiser, und wenn du ganz genau hinhörst, klingt ein Lied durch die Luft und du hörst kleine tanzende Füße über den Boden kratzen. Und dann wird es ganz still. Du bleibst noch eine Weile in der Stille liegen und bewegst dann deine Finger und Zehen und räkelst und streckst dich ausgiebig.

Und zum Schluss seid ihr dran!

Macht es euch gemeinsam gemütlich
an einem Platz, an dem ihr eine Weile ungestört
seid und euch richtig wohlfühlt.

Diese Geschichte fängt nicht wie gewohnt mit einem Satz über das Maulwurfmädchen Rosi an. Denn das Schöne an Geschichten ist, dass sie nicht nur vorgelesen, sondern auch erzählt werden können. Jetzt seid ihr dran, liebe Vorlesende, und ihr, liebe Kinder!

Wie geht die Geschichte wohl weiter? Was könnten Rosi und ihre Freunde und Freundinnen alles erleben? Wen könnte Rosi noch treffen? Singt Rosi noch mehr Lieder, oder habt ihr Lust, mit ihr zu tanzen? Wie ist das Leben im Garten im Sommer, im Herbst und im Winter? Wie werden sich Rosi und die Menschen verstehen, denen der Garten gehört?

Wenn ihr mögt, macht passende Geräusche oder dichtet eigene Lieder. Ihr könnt auch Bilder malen oder Utensilien suchen, die ihr für die Erzählung gebrauchen könnt. Lasst eure Fantasie auf Reisen gehen und erzählt die Geschichte weiter.

Viel Spaß!

Haben euch die Übungen und Traumreisen in Rosis Geschichte gefallen? Dann probiert doch gerne noch ein paar andere aus.

Ihr könnt sie auch mit Freunden und Freundinnen, euren Geschwistern oder euren Eltern machen.

Übungen zur Entspannung

Atme aus wie ein Löwe!

Setz dich auf den Boden oder auf einen Stuhl. Leg die Hände auf die Oberschenkel. Atme ein und kneif die Augen zu und zieh dein ganzes Gesicht zusammen, als hättest du auf eine Zitrone gebissen. Stütz die Hände auf die Knie, streck die Zunge raus, reiß die Augen auf und brülle wie ein Löwe. Wiederhole das Atmen und Brüllen ein paarmal.

Stell dich unter die Sonnendusche

Zieh deine Strümpfe aus, stell dich aufrecht hin, schließ die Augen und spüre deine Füße am Boden. Atme ein, heb die Arme nach oben und streck dich lang. Atme aus, fahre mit den Handflächen über dein Gesicht, deinen Oberkörper und deine Oberschenkel. Stell dir dabei vor, wie du von warmen Sonnenstrahlen geduscht wirst. Mache das mehrmals hintereinander.

Übungen für mehr Energie

Verwandel dich in einen Skispringer

Zieh die Socken aus und stell dich so hin, dass deine Füße ein wenig Abstand zueinander haben und du locker in die Knie gehen kannst. Du bist jetzt ein Skispringer: Atme ein und schwing die Arme nach oben. Atme aus und beuge die Knie, komm auf die Zehenspitzen und schwing die Arme nach hinten. Atme ein, schwing die Arme wieder nach vorne zurück, schiebe den ganzen Fuß in den Boden und strecke die Beine. Wiederhole das noch ein paarmal, und stell dir vor, wie du über den Schnee fliegst.

Schüttel dich durch!

Stell dich an einen Ort, an dem du genug Platz um dich herum hast, und beginne, auf der Stelle zu hüpfen. Schüttele dann deinen ganzen Körper durch, die Schultern, die

Arme, die Hände und die Beine. Wenn du genug geschüttelt hast, lege dich auf den Boden, schließ die Augen und spüre, wie dein ganzer Körper prickelt.

Stark wie ein Baum

Werde ein Baum, der seine Wurzeln tief in die Erde schickt und den so leicht nichts umwerfen kann. Stell dich gerade hin und drück beide Füße fest in den Boden. Heb dann dein rechtes Knie und schieb den rechten Fuß an die Innenseite des linken Beins. Führe deine Handflächen vor dem Brustkorb zusammen. Dann streck die Arme nach oben wie Zweige. Spürst du, wie du wächst? Dann lass die Arme und den Fuß sinken und probiere die andere Seite aus.

Ingrid Ickler ist Autorin, Literaturübersetzerin, leidenschaftliche Yogalehrerin und Vorleserin. Sie liebt es, Geschichten zu erzählen und ihre Erfahrungen, die sie im Laufe der Jahre gesammelt hat, weiterzugeben und andere mit auf Reisen durch fantastische Welten zu nehmen – undogmatisch, kreativ und bunt.

© Jürgen Mai

Petra Bergmann widmete sich viele Jahre der Malerei, gab Malkurse für Kinder und Erwachsene und veranstaltete zahlreiche Einzel- und Gruppenausstellungen. 2017 wagte sie den Schritt in die Freiberuflichkeit als Illustratorin und bereut es seither keinen Tag. Farbenfrohe Tiere und fröhliche Kinder zeichnen ihre liebevollen Illustrationen aus. Mit ihrer kleinen Familie wohnt sie in Oldenburg.

© Petra Bergmann

BESUCHE DIE BUNTE WELT DER

BAUMHAUS BANDE

Basteln, Lesen, Malen für die ganze Familie!

BaumhausBande.com

@BaumhausBande